버섯 요리에 대한 최고의 가이드

버섯을 준비하는 모든 맛있는 방법을 알아보세요 100 가지 놀랍고 쉽고 맛있는 요리법

은애 문

판권 소유.
부인 성명

목차

목차.. 3

소개.. 6

흰색 단추 버섯 8

1. 간장 & 참깨 바베큐 버섯 9
2. 계란을 곁들인 버섯 샐러드 그릇 11
3. 베트남 버섯 & 누들 샐러드 14
4. 렌틸콩을 곁들인 스모키 바베큐 들버섯 16
5. 버섯 & 적양배추 샐러드 18

사자 갈기 버섯 20

6. 사자갈기 키시 21
7. 라이온스 갈기 그레이비 23
8. 사자갈기 버섯의 따뜻한 샐러드 25
9. 사자갈기 크랩 케이크 27
10. 팬에 튀긴 사자갈기 버섯 29
11. 튀긴 사자갈기 버섯 32
12. 라이온스메인 햄 & 치즈 오믈렛 35
13. 사자갈기 "게" 케이크 38
14. 사자갈기 필레 40
15. 라이온스 갈기 클라리티 라떼 42
16. 라이온스 갈기 "랍스터" 롤 44
17. 사자갈기 팬케이크 46

표고버섯 48

18. 감자 & 야생 버섯 그라탕 49
19. 헝가리 버섯 수프 51
20. 박제 버섯 53
21. 닭고기 버섯 파히타 55
22. 훌륭한 버섯 수프 57
23. 옥수수와 표고버섯 튀김 59
24. 표고버섯 리조또 61
25. 구운 표고버섯 63
26. 따뜻한 표고보리 샐러드 65
27. 바삭하고 쫄깃한 참깨 표고버섯 67
28. 도토리호박 & 야생버섯 69
29. 야생 및 이국적인 버섯의 라자냐 71
30. BBQ 오리 & 야생 버섯 케사디야 74
31. 야생 버섯이 가득한 롤빵 76
32. 야생버섯과 시금치를 곁들인 광어 78
33. 버섯크림 & 야생쌀 80
34. 닭고기 수프, 버섯, 무교병 83
35. 혼합 버섯 반미 86

36.	표고버섯 박제	88

팽이버섯 **90**

37.	팽이버섯볶음	91
38.	팽이버섯볶음	94
39.	팽이버섯 수프	96
40.	팽이버섯 마살라	98
41.	두부를 곁들인 팽이버섯	101
42.	팽이국	103
43.	팽이버섯을 넣은 생선 수프	105

굴 버섯 **108**

44.	굴버섯 딥	109
45.	아루굴라 샐러드 & 굴 버섯	111
46.	버섯과 그레몰라타를 곁들인 파스타	113
47.	브로콜라 버섯 메들리	116
48.	굴 버섯을 곁들인 녹색 강가넬리	118
49.	허브찐 굴 버섯	120
50.	굴 버섯 소스를 곁들인 링귀니	122
51.	굴버섯 차우더	125
52.	링귀니를 곁들인 굴버섯	127
53.	고추를 곁들인 굴버섯 절임	129
54.	굴버섯볶음	131
55.	바다 가리비 구이, 느타리 버섯	133
56.	시타키와 느타리버섯을 곁들인 송어	136
57.	나무 굴 버섯 생강 수프	138
58.	물냉이와 굴 버섯 수프	140

스위스 갈색 버섯 **142**

59.	버섯을 곁들인 콜리플라워 팬케이크	143
60.	야채 밥 & 버섯 영양 그릇	145

모렐스 **147**

61.	연어와 곰보버섯	148
62.	직접 만든 버섯 크림 수프	150
63.	모렐 파스타	152
64.	쉬운 닭고기와 곰보버섯	154
65.	게 속을 채운 곰보버섯	156
66.	스크램블 모렐 계란	158
67.	아스파라거스와 모렐	160
68.	치즈로 채워진 모렐	162
69.	밀가루가 들어간 모렐	164
70.	팬 프라이드 모렐	166
71.	버터에 담긴 모렐	168
72.	모렐 버섯 소스	170
73.	솔틴 크래커를 곁들인 곰보버섯	172

| 74. | 빵가루와 파마산 치즈를 곁들인 곰보렐 | 175 |
| 75. | 팬에 튀긴 모렐 | 177 |

포르치니 버섯 **179**

76.	포르치니로 문지른 스테이크	180
77.	간장 버섯	182
78.	버섯 칼조네	184
79.	비네그레트의 아스파라거스와 곰보버섯	187
80.	블루치즈 & 야생버섯	189

밤나무 버섯 **191**

81.	버섯과 부추 빵 푸딩	192
82.	밤과 야생버섯	194
83.	로간 버섯	196

크레미니 **199**

84.	크레미니 버섯 크로스티니	200
85.	크레미니와 당근 마리네이드	202
86.	죽은 태아의 버섯 "리조또"	204
87.	버섯 슈트루델	206
88.	버섯 크림 수프	208
89.	크레미니 버섯 캐서롤	210
90.	버섯과 소스를 곁들인 링귀니	212
91.	버섯 시금치 파스타	214

포르토벨로 **216**

92.	포토벨로 버섯 수프	217
93.	퍼프 버섯 오믈렛	219
94.	구운 포토벨로 로마네스크 양식	221
95.	바베큐 포토벨로 스테이크	223
96.	표고버섯을 곁들인 아침 포토벨로	225
97.	포토벨로를 곁들인 치킨 마데이라	227
98.	가지와 포토벨로 라자냐	230
99.	버섯 스테이크 샌드위치 & 페스토	233
100.	그릴드 피자 비앙카 포토벨로	235

결론 **238**

소개

흰양송이버섯미성숙 상태에서 흰색과 갈색의 두 가지 색상 상태를 갖는 식용 버섯으로 둘 다 다양한 이름을 가지고 있습니다. 성숙하면 포토벨로 버섯으로 알려져 있습니다. 흰양송이버섯은 미성숙한 흰색 변종입니다. 모든 버섯 종류 중에서 가장 흔하고 맛이 가장 부드러운 버섯입니다.

크리미니 버섯크레미노 버섯, 스위스 갈색 버섯, 로마 갈색 버섯, 이탈리아 갈색 버섯, 클래식 갈색 버섯 또는 밤나무 버섯으로도 알려져 있습니다. 크리미니스(Criminis)는 어린 포토벨로 버섯으로 아기 포토벨로로도 판매되며, 좀 더 성숙한 흰색 단추 버섯입니다.

포토벨로버섯들판 버섯 또는 오픈 캡 버섯이라고도 합니다. 포토벨로 버섯은 식감이 촘촘하고 맛이 풍부합니다. 이탈리아에서는 소스와 파스타에 사용되며 훌륭한 고기 대체품이 됩니다. 또한, 빵 대신 사용하고 싶다면 버섯의 납작한 뚜껑을 사용해도 됩니다. 굽고 채우는 데 적합합니다.

표고버섯일컬어: 표고 버섯, 검은 숲, 검은 겨울, 갈색 참나무, 중국 검정, 검은 버섯, 동양 검정, 숲 버섯, 황금 참나무, 돈코. 표고버섯은 가벼운 숲의 맛과 향을 갖고 있는 반면, 말린 표고버섯은 더 강렬합니다. 풍미가 있고 고기가 많아 고기 요리를 얹고 수프와 소스를 강화하는 데 사용할 수 있습니다. 표고버섯은 신선한 것과 말린 것 모두 발견할 수 있습니다.

굴버섯버섯은 세계에서 가장 일반적으로 재배되는 식용 버섯 중 하나입니다. 새송이버섯은 느타리버섯속에서 가장 큰 종입니다. 요리가 간단하고 섬세하고 달콤한 맛을 제공합니다. 특히 볶음이나 소테 요리에 사용되는데, 그 이유는 버섯이 일관되게 얇기 때문에 다른 버섯보다 고르게 익을 수 있기 때문입니다.

팽이버섯신선하거나 통조림으로 구입할 수 있습니다. 전문가들은 줄기가 끈적끈적하거나 갈색을 띠는 팽이버섯보다는 단단하고 흰색이며 반짝이는 뚜껑이 있는 신선한 팽이버섯을 섭취할 것을 권장합니다. 그것들은 날것이 좋고 아시아 요리에서 흔히 볼 수 있습니다. 아삭아삭해서 수프에도 잘 어울리고 샐러드에도 잘 어울리지만, 다른 요리에도 활용하실 수 있습니다.

살구버섯주황색, 노란색 또는 흰색이며 살이 많고 나팔 모양입니다. 살구류는 재배하기 어렵기 때문에 일반적으로 야생에서 채집됩니다. 일부 종은 과일 향이 나고, 다른 종은 더 나무향이 나고, 어떤 종은 매운 향이 나기도 합니다.

포르치니버섯포르토벨로와 비슷한 고기가 많은 버섯이고, 포르치니는 이탈리아 요리에 자주 사용되는 버섯 종류입니다. 그 맛은 견과류 맛이 나고 약간 고기 같은 느낌이 나며 부드럽고 크림 같은 질감과 사워도우를 연상시키는 독특한 향이 나는 것으로 묘사됩니다.

시메지 버섯 항상 익혀야 합니다. 약간 쓴 맛이 나기 때문에 생으로 제공하는 것은 좋은 버섯이 아닙니다. 익히면 쓴맛이 완전히 사라지고, 버섯의 고소한 맛이 살짝 변합니다. 이것은 볶음 요리, 수프, 스튜 및 소스에 잘 어울리는 버섯 유형 중 하나입니다.

곰보버섯 모자에 벌집 모양이 있습니다. 모렐은 매우 맛있고 맛이 좋기 때문에 미식가 요리사, 특히 프랑스 요리에서 높이 평가됩니다.

흰색 단추 버섯

1. 간장& 참깨 배불볶

재료

- 큰 흰 들버섯 4 개
- 청경채 2 개, 세로로 반 잘라서 깨끗이 씻어주세요
- 두껍게 썬 두부튀김 400g

매리네이드:

- 간장 2 큰술
- 꿀 1/3 컵 라임즙 3 큰술 칠리 플레이크 1/2 작은술
- 다진 마늘 2 쪽

장식:

- 고수 잎
- 구운 참깨
- 라임 웨지

지도

a) 매리네이드를 만들려면 모든 재료를 함께 휘젓습니다. 매리 네이드의 3/4 에 버섯을 약 3/4 동안 담그십시오. 15 분

b) 큰 쟁반에 버섯, 청경채, 두부를 담고 양념장을 전체적으로 부어 버섯이 잘 코팅되도록 합니다.

c) 고열로 바베큐를 가열하고 버섯이 무너질 때까지 굽지만 만지면 여전히 단단합니다.

d) 남은 양념장에 버섯을 넣고 다시 한번 버섯을 코팅해줍니다. 따로, 두부와 청경채를 각각 2~3 분씩 계속 굽습니다.

e) 큰 접시나 접시에 청경채를 놓고 두부와 함께 잘게 썬 면을 올리고 그 위에 큰 버섯 4 개를 놓습니다. 참깨와 고수를 뿌리고 라임 조각으로 장식합니다.

2. 개들 갈비 비빔밥 크롱

재료

- 깨끗하게 닦은 흰 양송이 버섯 500g
- 애호박 1 개, 리본 모양으로 썬다 (필러 사용)
- 중소형 비트 뿌리 4 개 (꼭지 제거됨)
- 설탕 1-2 큰술
- 소금 1 티스푼

장식:

- 신선한 허브 민트, 바질, 파슬리 또는 딜
- 검은 참깨 레몬 볼
- 물기를 뺀 병아리콩 1 캔
- 계란 4 개 100g 로켓
- 아보카도 1 개
- 올리브 오일 2 큰술
- 소금과 후추
- 구운 플랫브레드, 서빙용

매리네이드:

- EV 올리브 오일 4 큰술
- 숙성 발사믹 식초 2 큰술
- 디종 머스타드 1 티스푼 소금과 후추 찢어진 바질 잎 한줌
- 절인 당근: 껍질을 벗겨 잘게 썬 당근 200g
- 물 1 컵
- 백식초 1/2 컵

지도

a) 오븐을 180°C 로 예열하세요. 큰 호일 조각에 비트 뿌리를 놓고 올리브 오일과 소금, 후추를 뿌린 다음 소포로 포장합니다. 비트 뿌리가 완전히 익을 때까지 오븐 트레이에 놓고 오븐에 굽습니다.

b) 식히십시오. 비트 뿌리 껍질을 벗기고 4 분의 1 또는 8 등분으로 자릅니다. 그릇에 담고 올리브 오일과 추가 양념을 조금 더 뿌려주세요.

c) 그 동안 계란을 끓는 물에 7 분간 삶아 찬물에 담궈주세요. 껍질을 벗기고 따로 보관하십시오.

d) 버섯 매리네이드를 만들려면 올리브 오일, 발사믹 식초, 머스타드, 소금, 후추를 섞으세요. 얇게 썬 버섯과 바질을 넣고 잘 코팅합니다. 따로.

e) 4 개의 얕은 그릇을 사용하여 서빙하세요. 병아리콩, 애호박 조각, 아래에 로켓이 달린 비트 뿌리, 버섯, 절인 당근, 아보카도를 그릇 안쪽 가장자리 주위에 소그룹으로 배치합니다. 계란을 자른 면이 위로 오도록 놓습니다.

f) 적당량의 엑스트라 버진 올리브 오일, 소금, 후추, 검은깨, 신선한 허브를 뿌립니다. 레몬 치크와 구운 빵 조각을 곁들여 보세요.

3. 베트남 버섯 & 누들 샐러드

재료

- 얇게 썬 흰양송이버섯 400g
- 얇은 쌀국수(베르미셀리 스타일) 230gm
- 껍질을 벗겨 얇은 막대로 자른 중간 크기 당근 1 개
- 세로로 반으로 자른 유럽 오이 1 개, 씨앗
- 잘게 다진 중간-대형 마늘 1 쪽
- 씨를 뿌리고 잘게 다진 작은 붉은 고추 1-2 개

장식:

- 다진 땅콩(사용하는 경우) 1/2 컵 또는 바삭한 샬롯
- 라임 또는 레몬 웨지(선택사항)
- 참기름
- 껍질을 벗겨 세로로 얇게 썬 작은 적양파 1 개
- 콩나물 1 컵, 씻어 물기를 뺀다

- 씻어서 뿌리를 제거한 고수풀 1 다발
- 씻어서 잎을 따서 만든 민트 1/2 묶음

드레싱:

- 생선 소스 1/2 컵
- 종려설탕 1/3 컵
- 신선한 레몬 또는 라임 주스 1/4 컵

지도

a) 봉지 방향에 따라 국수를 요리하세요. 찬물에 헹구고 물기를 잘 빼주세요. 큰 믹싱볼에 따로 담아둡니다.

b) 드레싱을 만들려면 모든 드레싱 재료를 병에 넣고 잘 흔들어 섞으세요. 따로.

c) 면 그릇에 당근, 오이, 적양파, 콩나물, 버섯, 허브 3/4 개를 넣습니다. 모든 재료를 손으로 가볍게 섞은 후 드레싱을 추가합니다. 한번 더 섞어서 섞어주세요.

d) 큰 접시나 개별 그릇에 다진 땅콩(또는 샬롯), 남은 허브, 아주 약간의 참기름을 얹은 샐러드를 담아냅니다.

e) 레몬 및/또는 라임 조각으로 장식합니다.

재료

- 큰 갈색 들버섯 4 개
- 녹색 렌즈콩 1 컵
- 씻어서 꼭지를 제거한 녹두 250g
- 껍질을 벗기고 씨를 제거한 호박 400g 을 1cm 두께의 웨지 모양으로 자릅니다.
- 샐러드 잎 100g, 어린 시금치/ 로켓/ 혼합 잎
- 파슬리 한 줌, 씻어서 대충 다진 것
- 구운 아몬드 플레이크 50g
- 민트 잎 한줌

매리네이드:

- EV 올리브 오일 1/4 컵 레몬 2 개의 주스
- 다진 마늘 1 쪽
- 훈제 파프리카 1 티스푼 소금과 후추

지도

a) 버섯 매리네이드에는 올리브 오일 3 큰술, 레몬즙, 마늘, 훈제 파프리카, 소금, 후추를 넣고 섞습니다. 나중에 드레싱으로 사용하기 위해 매리네이드 3-4 큰술을 따로 보관해 두세요. 남은 매리네이드를 버섯 위에 붓고 잘 코팅합니다. 약 따로 보관하십시오. 20 분.

b) 렌틸콩을 요리하려면 찬물에 헹구고 물기를 빼세요. 큰 냄비에 렌즈콩 1 컵에 물 4 컵을 넣으세요. 풍미를 더하려면 월계수 잎을 추가하세요. 냄비를 끓인 다음 아주 약한 불로 줄이고 뚜껑을 덮고 약 1 시간 동안 조리합니다. 20 분. 체를 사용하여 렌틸콩의 물기를 빼내고 월계수 잎을 버립니다. 식히십시오.

c) 콩과 호박을 그릇에 넣고 올리브 오일, 소금, 후추로 잘 코팅합니다.

d) 바비큐를 중간~센 불로 예열하고 야채가 부드러워질 때까지 굽습니다.

e) 구운 야채를 큰 그릇에 담습니다. 버섯을 굽고 약 2 분 동안 자주 뒤집습니다. 5~6 분. 별도의 그릇에 담고 파슬리가루를 뿌려주세요.

f) 샐러드를 섞으려면 익힌 렌즈콩을 콩과 호박에 넣고 샐러드 잎, 민트, 남은 드레싱을 추가합니다. 손으로 부드럽게 샐러드를 잘 섞으세요.

g) 서빙하려면 렌틸콩 샐러드를 큰 접시에 담고 아몬드 플레이크를 뿌리고 그 위에 버섯 4 개를 올려주세요. 버섯에서 남은 주스를 뿌립니다.

h) 딱딱한 빵이나 좋아하는 구운 고기와 함께 드세요.

5. 배&적양배추 샐러드

2~4 인분

재료

- 양송이버섯 100g, 얇게 썬 것
- 표고버섯 100g, 줄기는 버리고 갓은 얇게 썬다
- 얇게 썬 느타리버섯 100g
- 라임즙 2 큰술
- 간장 2 작은술
- 껍질을 벗기고 으깬 마늘 1 쪽
- 레몬즙 2 큰술
- 엑스트라 버진 올리브 오일 3 큰술
- 붉은 양배추 $\frac{1}{4}$ 개(약 150g), 심 제거, 얇게 채썰기
- 사이다 식초 2 큰술
- 흑설탕 1 티스푼
- 플레인 요거트 100ml
- 식물성 기름 50ml
- 소금과 후추
- 바질잎 한줌

지도

a) 한 그릇에는 양송이버섯과 표고버섯을, 다른 그릇에는 느타리버섯을 넣습니다. 버튼과 표고버섯에 라임즙과 간장을 넣어주세요. 느타리버섯에 마늘과 레몬즙 1 큰술을 추가합니다. 각각에 올리브 오일의 절반을 추가한 다음 섞습니다.

b) 양배추를 식초와 설탕과 섞고 양배추와 버섯을 모두 냉장고에 넣어 최소 2 시간, 바람직하게는 6~8 시간 동안 재워두세요. 둘 다 몇 번 던져보세요.

c) 남은 레몬즙에 요거트, 식물성 기름을 넣고 섞은 후 소금과 후추로 간을 합니다. 서빙하려면 버섯을 함께 버무린 후 즙을 빼내세요. 바질 잎을 찢어서 양배추와 섞으세요.

d) 양배추를 접시에 나누고 그 위에 버섯을 올려 놓습니다. 요거트를 다시 저은 다음 샐러드 위에 뿌립니다.

사자 갈기 버섯

6. 샐리키시

재료

- 1 개의 페이스트리 껍질
- 소금과 후추 약간
- 갈은 치즈 2 컵
- 우유 1 컵
- 잘게 썬 중간 크기 양파 1 개
- 밀가루 2 큰술
- 얇게 썬 사자갈기 버섯 $\frac{1}{2}$ lb.
- 마른 머스타드 $\frac{1}{4}$ 티스푼
- 버터 1 큰술 계란 3 개
- 1 테이블스푼 올리브 오일

지도:

a) 페이스트리 껍질의 바닥을 치즈로 덮습니다. 버터 1 테이블스푼과 올리브 오일 1 테이블스푼을 섞어 부드러워질 때까지 버섯과 양파를 볶습니다.

b) 치즈 위에 버섯/양파 혼합물을 놓습니다. 소금과 후추를 넣어 맛보십시오.

c) 밀가루, 계란, 우유, 마른 겨자를 섞은 후 버섯 층 위에 붓습니다. 375 도에서 또는 중앙이 단단해질 때까지 굽습니다.

7. 레몬스갈기 그레비

재료

- $\frac{1}{2}$ lb. 사자갈기 버섯(잘게 썰거나 잘게 썬 것)
- 버터 3 큰술
- 다진 양파 $\frac{1}{4}$ 컵
- 라이트 크림(또는 원하는 우유) 2 컵
- 물 2 컵
- 밀가루 3 큰술

지도:

a) 물과 버섯 2/3 를 넣고 20 분간 끓입니다. 별도의 팬에 버터, 남은 버섯, 양파를 갈색이 될 때까지 볶습니다.

b) 버섯/ 양파 혼합물 위에 밀가루 혼합물을 뿌리고 몇 분 동안 조리합니다.

c) 크림(또는 우유)과 물 혼합물을 섞고 소테 믹스에 추가합니다. 원하는 농도에 도달할 때까지 열린 팬에서 끓입니다.

8. 시금치와 버섯의 따뜻한 샐러드

재료

- 올리브 오일 2 테이블스푼
- 1 레몬; 주스
- 홀그레인 머스타드 2 티스푼
- 맑은 꿀 1 테이블스푼
- 소금과 갓 갈은 후추
- 올리브 오일 3 테이블스푼
- 2 개의 얇게 썬 곡물창고 빵; 껍질 제거, 혼합 샐러드 잎
- 8 체리 토마토; 반으로 줄인
- 125g 팩 Lion's Mane 버섯; 각각 반으로 줄였습니다. 반쯤 얇게 썬 것

지도:

a) 드레싱 재료를 모두 섞고 입맛에 맞게 양념을 추가합니다. 필요할 때까지 식히십시오.

b) 프라이팬에 기름 2 테이블스푼을 두르고 빵 조각을 넣고 모든 면을 황금빛 갈색이 될 때까지 볶습니다. 흡수성 키친 페이퍼로 물기를 빼세요.

c) 준비한 양상추 잎, 방울토마토, 크루통을 서빙 접시나 큰 그릇 하나에 배열합니다.

d) 프라이팬에 남은 기름 한 스푼을 가열하고 마늘과 사자 갈기 버섯 조각을 추가합니다. 버섯의 양쪽이 황금빛 갈색이 될 때까지 볶습니다. 약 3~5 분 정도 소요됩니다.

e) 샐러드 위에 버섯 조각을 배열하고 샐러드 드레싱 위에 부어주세요.

9. 시금치 크랩 케이크

재료

- 8 온스 사자갈기버섯
- 달걀 1 개 (또는 아마 달걀)
- 판코 빵가루 1/2 컵
- 양파 1/4 컵(잘게 다지기)
- 마요네즈 또는 비건 마요네즈 1 큰술
- 우스터 소스 1 티스푼
- 올드 베이 시즈닝 3/4 티스푼
- 디종 머스타드 1 티스푼
- 파슬리 1 큰술(잘게 썬 것)
- 소금 1/4 티스푼(취향에 맞게)
- 흑후추 1/4 티스푼
- 기름 2~3 큰술(케이크 튀김용)
- 2 최적의 장식: 레몬 웨지
- 퀵 타르타르 소스
- 마요네즈 또는 비건 마요네즈 1/4 컵
- 딜 피클 렐리시 1 큰술
- 올드 베이 시즈닝 1/4 티스푼

지도

a) 사자갈기버섯을 벗겨진 게의 질감과 비슷한 작은 조각으로 손으로 찢습니다.

b) 큰 그릇에 계란, 마요네즈, 양파, 우스터 소스, 올드 베이 시즈닝, 디종 머스타드, 파슬리(잘게 썬 것), 소금, 후추를 섞습니다. 완전히 통합될 때까지 혼합합니다.

c) 완전히 통합될 때까지 사자 갈기 버섯을 섞습니다.

d) 완전히 통합될 때까지 Panko 빵가루를 섞습니다.

e) 혼합물을 동일한 크기의 둥근 플랫 패티 3~4 개(두께 약 1/2~3/4 인치)로 만듭니다.

f) 소테 팬에 기름을 두르고 중간/강열로 가열합니다.

g) 패티를 한 면당 약 2-3 분씩 요리하세요. 황금빛 갈색을 띠고 전체적으로 익혀야 합니다.

h) 옵션으로 장식을 추가하고 레몬을 짜서 즐겨보세요!

10.   뻬뮈인사갈기버섯

재료

버섯의 경우:

- 깨끗하게 닦아서 잘게 썬 사자갈기 버섯 1 파운드 ⅓-인치 조각
- 계란 1 개
- 우유 ½ 컵
- 다용도 밀가루 1 컵
- 파프리카 2 티스푼
- 말린 바질 2 티스푼
- 바다 소금 1 ½ 작은술
- 갈은 후추 1 티스푼
- 마늘가루 1 티스푼
- 양파가루 1 티스푼
- 요리용 식물성 기름 3-6 테이블스푼

지도

a) 한 그릇에 달걀을 스크램블해질 때까지 치고 우유를 넣어 섞일 때까지 저어줍니다. 다른 그릇에 밀가루와 건조 양념(파프리카, 양파 가루)을 모두 넣고 잘 섞습니다.

b) 사자갈기버섯 한 조각을 계란 혼합물에 담근 다음 밀가루 혼합물에 묻혀주세요. 큰 접시나 도마 위에 따로 놓아두세요. 버섯의 절반 정도가 담그고 준설될 때까지 계속합니다.

c) 큰 프라이팬을 중간 불로 예열하세요. 프라이팬에 식물성 기름(또는 선택한 요리용 지방) 1-2 테이블스푼을 넣고 뜨거운 기름을 휘젓습니다.

d) 팬이 붐비지 않도록 주의하면서 집게를 사용하여 준설된 버섯 조각을 프라이팬에 부드럽게 놓습니다. 불을 약하게 낮추면 버섯이 너무 타거나 갈변하지 않고 완전히 익을 수 있습니다. 팬을 살짝 기울여서 기름을 고르게 펴주세요. 버섯이 타지 않도록 주의하면서 약한 불로 3~4 분 동안 한쪽 면을 계속 조리합니다.

e) 집게를 사용하여 각 버섯 조각을 조심스럽게 뒤집어 반대쪽도 3-4 분 동안 조리합니다.

f) 튀긴 버섯을 프라이팬에서 조심스럽게 꺼내 종이 타월 위에 올려 여분의 기름을 흡수합니다.

g) 깨끗한 종이 타월로 프라이팬을 닦고(손이 데지 않도록 집게를 사용하여 종이 타월을 잡아주세요!), 버섯이 모두 익을 때까지 2~4 단계를 반복하세요.

h) 케첩과 마요네즈를 함께 섞고(또는 좋아하는 딥을 사용) 따뜻하게 드세요.

11. 튀긴 시짤끼 버섯

제공량: 4

재료

버섯의 경우:

- 깨끗하게 닦아서 잘게 썬 사자갈기 버섯 1 파운드 ⅓-인치 조각
- 계란 1 개
- 우유 ½ 컵(모든 종류 - 식물성 우유를 사용하는 경우 무가당, 무가당)
- 다용도 밀가루 1 컵
- 파프리카 2 티스푼
- 말린 바질(또는 이탈리안 시즈닝 또는 오레가노) 2 티스푼
- 바다 소금 1 ½ 작은술
- 갈은 후추 1 티스푼
- 마늘가루 1 티스푼
- 양파가루 1 티스푼
- 요리용 식물성 기름(또는 선택한 요리용 지방) 3-6 테이블스푼

딥의 경우:

- 마요네즈 2 테이블스푼
- 케첩 2 테이블스푼
- 특수장비
- 중간 그릇 2 개
- 큰 접시나 도마(또는 깨끗하고 평평한 표면)
- 달라붙지 않는 대형 프라이팬
- 집게
- 종이 타월이 깔린 접시

지도

a) 한 그릇에 계란과 우유를 섞습니다. 다른 그릇에 밀가루와 건조 양념(파프리카, 양파 가루)을 모두 넣고 잘 섞습니다.

b) 사자갈기버섯 한 조각을 계란 혼합물에 담근 다음 밀가루 혼합물에 묻혀주세요. 큰 접시나 도마 위에 따로 놓아두세요. 거의 모든 버섯을 담그고 준설할 때까지 계속합니다.

c) 큰 프라이팬을 중간 불로 예열하세요. 프라이팬에 식용유 1~2 큰술을 두르고 휘휘 저어주세요. 팬이 붐비지 않도록 주의하면서 준설된 버섯 조각을 프라이팬에 넣습니다. 불을 약하게 낮추고 팬을 살짝 기울여서 기름을 둘러주세요. 버섯이 타지 않도록 주의하면서 한 면당 3~4 분씩 조리합니다.

d) 튀긴 버섯을 프라이팬에서 조심스럽게 꺼내 종이 타월 위에 올려 여분의 기름을 흡수합니다.

e) 깨끗한 종이 타월로 프라이팬을 닦고(손이 데지 않도록 집게를 사용하여 종이 타월을 잡아주세요!), 버섯이 모두 익을 때까지 3~4 단계를 반복하세요.

f) 케첩과 마요네즈를 함께 섞고(또는 좋아하는 딥을 사용) 따뜻하게 드세요.

12.   라임샐러드 햄& 치즈 오믈렛

생산량: 오믈렛 1 개

재료
- 계란, 대형 2 개(3.6oz.)(102g)
- 버섯, 사자갈기, 잘게 썬 작은 것 1/4 컵(0.6oz.)(17g)
- 햄, 델리 스타일, 얇게 썬 것, 작게 깍둑썰기한 것 1/3 컵(1oz.)(28g)
- 치즈, 콜비잭, 슈레드 1/3 컵(1 온스)(28g)

지도:

a) 철판을 중간/낮음에서 중간으로 예열하세요.

b) 모든 재료를 모으십시오.

c) 버섯과 햄을 깍둑썰기하세요.

d) 작은 그릇에 계란을 함께 휘젓습니다. 푹신한 오믈렛을 원하시면 우유 1 테이블스푼 정도를 넣고 섞어주세요.

e) 예열된 마른 철판 위에 잘게 썬 버섯이 황금빛 갈색이 될 때까지 볶습니다.

f) 버섯이 갈변하는 동안 잘게 썬 햄을 요리하세요.

g) 버섯과 햄을 철판 위에 함께 섞으세요.

h) 오믈렛 링이 있으면 지금 사용할 수 있습니다.

i) 원하는 얇은 그리스 층을 철판 위에 놓습니다. 저는 쿠킹 스프레이, 버터, 베이컨 그리스, 올리브 오일을 사용했습니다. 넓게 펴서 오믈렛을 요리할 수 있을 만큼 충분히 커야 합니다.

j) 기름칠한 뜨거운 철판 위에 휘핑한 계란을 부어주세요. 계란은 둥근 6 인치 원형 안에 있어야 합니다. 계란이 철판 위에서 움직이기 시작하면 주걱을 사용하여 다시 원 모양으로 가져옵니다.

k) 계란이 더 이상 흐르지 않으면 익힌 햄과 버섯을 위에 올리고 원 주위에 고르게 펴줍니다.

l) 오믈렛을 각 면에서 약 2 분씩 요리합니다. 그러나 요리 시간은 다양합니다. 철판마다 온도가 다르기 때문에 오믈렛은 모양에 따라 요리해야 합니다.

m) 햄과 버섯 오믈렛의 한쪽 면이 익으면 뒤집어줄 차례입니다. 큰 주걱을 사용하여 오믈렛을 조심스럽게 뒤집습니다.

n) 잘게 썬 치즈의 절반을 오믈렛의 절반에 추가합니다.

o) 버섯, 햄, 치즈 오믈렛이 익으면 반으로 뒤집어 치즈가 없는 쪽이 녹은 치즈 위에 놓이도록 합니다.

p) 남은 잘게 썬 치즈를 얹고 철판에서 꺼냅니다.

13.

6 인분

재료:

- ⅓컵 마요네즈
- 큰 계란 1 개
- 디종 머스타드 2 테이블스푼
- 우스터소스 2 티스푼
- 탈수된 사자갈기 버섯 조각 2 컵
- 빨간 피망 1 개, 잘게 썬다
- 얇게 썬 쪽파 1 개
- 다진 마늘 2 쪽
- 밀가루 또는 빵가루 ½ 컵(선택적으로 글루텐 프리)
- 레몬 주스, 맛보기
- 소금과 후추 맛

지도:

a) 작은 그릇에 마요네즈, 달걀, 머스타드, 우스터 소스를 함께 휘젓습니다.

b) 큰 그릇에 사자갈기 버섯과 피망, 쪽파, 마늘을 넣습니다. 밀가루나 빵가루, 소금, 후추를 넣고 섞어주세요. 작은 그릇의 재료를 섞습니다.

c) 혼합물을 사용하여 6 개 정도의 패티를 만듭니다.

d) 큰 프라이팬에 기름을 두르고 중간 정도까지 가열합니다. 케이크를 추가하고 한 면당 몇 분씩 황금색이 되고 바삭해질 때까지 요리합니다.

e) 레몬즙이나 다른 좋아하는 토핑과 함께 케이크를 즐기면서 사자갈기의 건강상의 이점을 즐겨보세요.

14.   시래기찜

재료:

- 사자갈기 버섯 1 파운드, $\frac{1}{2}$ 인치 필레로 얇게 썬 후 여분의 물을 짜냅니다.
- 버터 기름 1 테이블스푼
- 드라이 화이트 와인 $\frac{1}{2}$ 컵(또는 드라이 셰리 2 테이블스푼으로 대체)
- 다진 중간 크기 샬롯 1 개(또는 마늘 3 쪽으로 대체)
- 소금과 후추 맛

지도:

a) 사자갈기 필레에 소금과 후추로 양념을 하세요

b) 큰 프라이팬에 버터 기름을 넣고 중간 불로 가열하세요.

c) 사자갈기를 추가하고 주걱으로 눌러 여분의 물을 제거합니다. 갈색과 부드러운 느낌으로 양면을 볶습니다.

d) 불을 중간 정도로 낮추세요. 와인이나 셰리주, 샬롯이나 마늘을 추가하고 뚜껑을 덮고 마늘이 부드러워질 때까지 조리합니다.

e) 좋아하는 사이드와 함께 제공하고 라이온스 갈기의 건강상의 이점을 맛있게 즐겨보세요

15.   라임스 갈기 쿨라티 라떼

1 인분

재료:

- 커피 $\frac{1}{2}$ 컵
- 버섯 부활 사자갈기 팅크 $\frac{1}{2}$ 티스푼
- 원하는 우유 $\frac{1}{2}$ 컵
- 계피 대시
- 육두구 꼬집음

지도:

a) 블렌더에 재료를 추가합니다.

b) 거품이 생길 때까지 높은 온도에서 섞고 완전히 섞입니다.

16.   레몬스갈끼"랍스더 롤

재료:

- 큰 계란 2 개
- 올드베이 시즈닝 2 테이블스푼
- 셀러리 소금 1 티스푼
- 레몬즙 2 테이블스푼
- $\frac{1}{4}$ 인치 조각으로 자른 1 파운드 사자 갈기 버섯
- 올리브 오일이나 버터 기름 3 테이블스푼
- 마요네즈 $\frac{1}{2}$ 컵
- 깍둑썰기한 적양파 $\frac{1}{2}$ 개
- 다진 신선한 딜 $\frac{1}{4}$ 컵
- 다진 신선한 파슬리 $\frac{1}{4}$ 컵
- 잘게 다진 셀러리 $\frac{1}{2}$ 컵
- 롤 4 개, 호기 또는 프렌치(샐러드에 곁들일 수 있음)
- 소금과 후추

지도:

a) 중간 그릇에 계란을 치십시오. 올드 베이 시즈닝, 셀러리 소금, 레몬즙을 넣고 휘젓습니다.

b) 계란 혼합물에 버섯 조각을 추가하고 흡수될 때까지 버무립니다.

c) 큰 팬에 기름이나 기버터를 넣고 중간 불로 가열합니다. 버섯 조각을 요리하고 각 면을 약 2 분 동안 굽습니다. 버섯을 제거하고 종이 타월로 물기를 빼냅니다. 식힌 후 포크 두 개나 손가락으로 버섯을 잘게 자릅니다.

d) 중간 크기의 그릇에 마요네즈, 양파, 딜, 파슬리, 셀러리를 섞습니다. 잘게 썬 버섯을 넣고 잘 섞습니다. 입맛에 맞게 셀러리 소금 및/또는 레몬즙을 추가하세요.

e) 빵 롤을 자르거나 라이온스 갈기 "랍스터"를 곁들일 샐러드를 준비하세요. 즐기다!

17.

2 인분 분량

재료:

- 큰 계란 2 개
- 아몬드 우유 1 1/2 컵
- 밀가루 1 $\frac{1}{4}$ 컵(글루텐 프리 옵션 대체)
- 녹인 버터 $\frac{1}{4}$ 컵
- 다진 신선한 사자 갈기 1 컵
- 선택한 토핑

지도:

a) 큰 그릇에 계란과 우유를 섞습니다.

b) 밀가루, 버터, 버섯을 넣고 부드러워질 때까지 저어줍니다.

c) 팬에 버터를 넣고 중간 불로 가열한 후 팬에 믹스 $\frac{1}{2}$ 컵을 넣고 거품이 나타나면 뒤집어 주세요. 양면이 노릇노릇해지면 토핑을 추가해서 먹어보세요!

표고버섯

18. 감자& 0샘버섯그탕

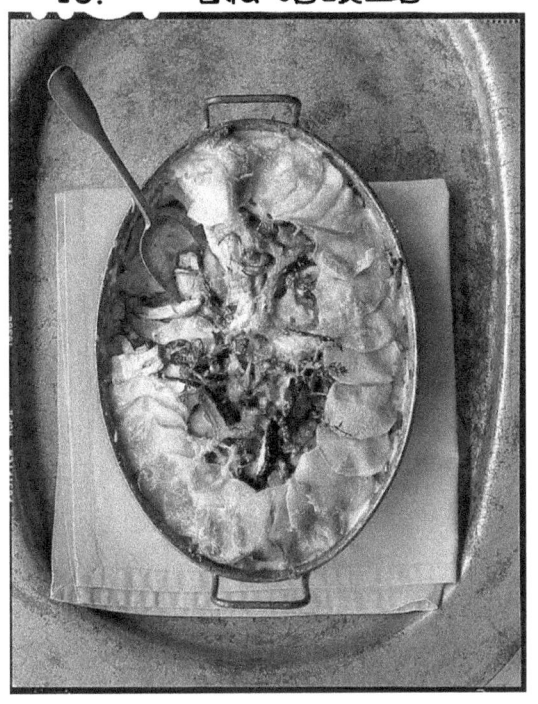

재료:

- 5 온스 부서진 블루 치즈
- 버터 1 $\frac{1}{2}$ 스푼
- 잘게 썬 신선한 백리향 1 $\frac{1}{2}$ 티스푼
- 1 파운드 혼합 신선한 버섯
- 소금 1 티스푼
- 휘핑 크림 2 $\frac{1}{2}$ 컵 후추 $\frac{1}{2}$ 티스푼
- 2 파운드 껍질을 벗겨 아주 얇게 둥글게 썬 유콘 골드 감자

지도:

a) 오븐 상단 1/3 에 랙을 놓고 400o 로 예열하세요. 버터 13x9x2 인치 유리 베이킹 접시. 중간 그릇에 치즈를 넣으십시오. 크림 $\frac{1}{2}$ 컵을 추가합니다. 포크를 사용하여 혼합물을 으깨어 덩어리진 반죽으로 만듭니다. 소금 1 티스푼과 후추 1//2 티스푼을 섞습니다.

b) 남은 크림 2 컵을 섞으세요. 무거운 큰 냄비에 버터를 넣고 중간 불로 녹입니다. 버섯과 허브를 추가하고 버섯이 부드러워지고 액체가 없어질 때까지 약 8 분간 볶습니다.

c) 준비한 접시 바닥에 감자 절반을 깔아주세요. 3/4 컵의 치즈 소스를 골고루 스푼으로 뿌립니다. 모든 버섯 혼합물과 치즈 소스 $\frac{1}{4}$ 컵을 얹고 남은 감자를 추가합니다. 남은 치즈 소스를 얹습니다.

d) 접시를 호일로 덮으세요. 그라탕을 30 분간 구운 다음 뚜껑을 열고 감자가 부드러워질 때까지 굽습니다. 윗면은 황금빛 갈색이 되고 소스는 걸쭉해지며 약 30 분 정도 더 걸립니다.

e) 10 분 정도 기다리세요. 뜨겁게 봉사하십시오.

19.   헝리버섯 수프

재료:

- 1 파운드 신선한 혼합 버섯
- 타마리 1 큰술
- 다진 양파 2 컵
- 소금 1 티스푼
- 버터 4 큰술
- 닭고기, 야채육수, 물 2 컵
- 밀가루 3 큰술
- 다진 신선한 파슬리 $\frac{1}{4}$ 컵
- 우유 1 컵
- 신선한 레몬즙 2 티스푼
- 딜 위드 1-2 티스푼 신선한 갈은 후추 또는 취향에 따라
- 헝가리 파프리카 1 큰술
- 사워 크림 $\frac{1}{2}$ 컵

지도:

a) 버터 2 큰술에 양파를 볶고 소금을 살짝 뿌립니다. 몇 분 후 버섯 1 티스푼 딜 $\frac{1}{2}$ 컵 육수(또는 물), 타마리, 파프리카를 추가합니다. 뚜껑을 덮고 25 분간 끓입니다.

b) 큰 냄비에 남은 버터를 녹입니다. 밀가루를 넣고 휘젓는 동안 요리하십시오 (몇 분). 우유를 추가하세요: 걸쭉해질 때까지 약 10 분간 약한 불로 자주 저으면서 계속 요리합니다.

c) 버섯 혼합물과 남은 육수를 섞습니다. 뚜껑을 덮고 10~15 분간 끓인 후, 서빙 직전에 소금, 후추, 레몬즙, 사워 크림을 추가하고 원하는 경우 딜을 추가합니다.

d) 파슬리로 장식하여 제공합니다.

20.   박제벗

재료:

- 1 파운드 대용량 소시지
- 1 파운드 신선한 표고버섯 (한입 크기)
- 마늘 2 쪽
- 잘게 다진 작은 노란 양파 $\frac{1}{2}$ 개
- 잘게 다진 신선한 파슬리 4 큰술
- 양념한 빵가루 $\frac{1}{2}$ 컵
- 말린 럽세이지 1 티스푼
- 말린 세이지 $\frac{1}{2}$ 티스푼
- 소금과 후추 맛
- 파마산 치즈 $\frac{1}{2}$ 컵

지도:

a) 오븐을 400o 로 예열하세요. 버섯에서 줄기를 제거하십시오. 줄기를 자르고 버터에 양파와 마늘을 넣고 부드러워질 때까지 볶습니다 (약 4 분).

b) 팬에서 제거합니다. 소시지를 갈색이 될 때까지 볶은 후 물기를 뺍니다. 소시지와 버섯 혼합물을 푸드 프로세서에 넣습니다. 치즈를 제외한 나머지 재료를 추가합니다.

c) 혼합물이 미세한 질감으로 될 때까지 펄스를 주고 맛을 보고 양념을 조정합니다.

d) 남은 버섯 뚜껑에 소시지 혼합물을 채우고 그 위에 치즈를 얹습니다. 채워진 캡을 베이킹 시트에 놓고 15-20 분 동안 굽습니다. 버섯이 익을 때까지.

e) 소시지 필링은 버섯 줄기 없이 최대 2 주 전에 만들어 냉동할 수 있습니다.

21.   닭고기 버섯 파히타

재료:

- 8 온스 크림치즈, 연화
- $\frac{1}{2}$ lb. 혼합된 신선한 버섯(잎새버섯, 표고버섯, 굴..)
- 파히타 시즈닝 1 티스푼
- 다진 고수 1 큰술
- 마늘가루 $\frac{1}{2}$ 티스푼
- 기름 4 큰술
- 얇게 썬 작은 붉은 양파 1 개
- 얇게 썬 녹색 피망 1 개
- 얇게 썬 빨간 피망 1 개
- 소금 $\frac{1}{2}$ 티스푼
- 뼈 없는/껍질 없는 닭가슴살 2 개, 잘게 썬 것
- 8 인치 밀가루 토르티야 4 개

지도:

a) 작은 그릇에 크림치즈, 파히타 시즈닝, 고수, 마늘 가루를 넣고 섞습니다. 따로 큰 프라이팬을 중불로 가열하고 기름 1 큰술을 가열합니다. 부드러워지고 액체가 증발할 때까지 버섯을 3-4 분간 볶습니다. 그릇에 긁어서 따로 보관해 두세요. 같은 프라이팬에 기름 2 큰술을 두르고 중간 불로 가열합니다.

b) 양파, 후추, 소금을 넣고 바삭바삭해질 때까지 볶습니다(약 4 분). 버섯과 함께 그릇에 담습니다. 프라이팬에 기름 1 큰술을 두르고 닭고기를 넣습니다. 전체적으로 불투명해질 때까지 약 2 분간 중간 불로 끓입니다. 야채와 함께 버무리고 가열합니다.

c) 전자레인지용 접시에 토르티야를 놓고 따뜻해질 때까지 약 15 초간 전자레인지에 돌립니다.

d) 크림치즈 혼합물을 네 부분으로 나누어 각 또띠야 위에 펴 바릅니다. 닭고기/야채 혼합물을 크림 치즈 위에 얹고 말아서 서빙하세요. 파히타 4 개를 만듭니다.

22. 물한버섯 수프

지도

- 무염버터 6 큰술
- 6 온스 표고버섯은 썰어서 줄기를 다듬고
- 소금 1 티스푼
- 다진 노란 양파 1 컵
- 6 온스 굴 버섯, 얇게 썬 것
- 다진마늘 1½ 티스푼
- 다진 셀러리 ½ 컵
- 8 온스 기타 버섯(잎새버섯, 크리미니 …)
- 6c. 닭고기/야채육수
- 카이엔(빨간) 고추 ¼ 티스푼
- 후추 ½ 티스푼
- 1/3c. 브랜디
- 신선한 백리향 잎 2 티스푼
- 1 ½ 다. 헤비 크림

지도:

a) 큰 냄비에 중간 불로 버터를 녹입니다. 양파, 셀러리, 카이엔을 추가하고 부드러워질 때까지 약 4 분간 조리합니다. 마늘을 넣고 30 초간 조리합니다.

b) 버섯, 백리향, 소금/후추를 넣고 버섯이 갈색으로 변할 때까지 약 7 분간 조리합니다. 브랜디를 넣고 끓여서 윤기가 날 때까지 약 2 분간 조리합니다. 육수를 넣고 다시 끓입니다. 불을 중간 정도로 낮추고 뚜껑을 덮지 않은 채 가끔씩 저어주며 15 분 동안 끓입니다. 열에서 제거하십시오.

c) 크림을 넣고 다시 끓인 후 5 분간 조리하세요. 불을 끄고 입맛에 맞게 양념을 조절하세요.

23. 옥수와 표꽃 튀김

제공량: 1

재료

- 옥수수 3 개
- 큰 계란 1 개
- 우유 $\frac{1}{4}$ 컵
- 2 온스 표고버섯
- 잘게 다진 적양파 $\frac{1}{4}$ 컵
- 다용도 밀가루 $\frac{1}{4}$ 컵
- 베이킹파우더 1 티스푼
- 코셔 소금 1 $\frac{1}{2}$ 티스푼
- 후추 $\frac{1}{2}$ 티스푼
- 기름 $\frac{1}{2}$ 컵
- 튀김 기름

지도

a) 속대에서 옥수수 알갱이를 자릅니다. 푸드프로세서에 절반을 넣고 나머지 절반은 따로 보관해두세요. 칼의 둔한 부분을 사용하여 속살을 긁어 믹서기에 넣습니다. 계란과 우유를 넣고 부드러운 반죽이 될 때까지 퓌레를 만듭니다.

b) 달궈진 프라이팬에 기름을 두르고 가열한 후 표고버섯과 양파를 넣습니다. 살짝 갈색이 될 때까지 볶은 다음 남은 옥수수를 넣고 1 분간 더 볶습니다.

c) 접시에 옮기고 더 이상 뜨거워지지 않을 때까지 냉동실에 5 분 동안 추가합니다.

d) 믹싱볼에 다용도 밀가루, 베이킹파우더, 소금, 후추를 넣고 섞습니다. 퓌레를 넣은 다음 냉동실에 있는 옥수수 알갱이와 표고버섯을 넣습니다.

e) 프라이팬을 깨끗이 닦고 식용유 $\frac{1}{2}$ 컵을 추가합니다. 뜨거워지면 반죽 8 국자를 추가하고 $\frac{1}{2}$ 인치 두께로 펴 비릅니다. 튀김을 바닥이 노릇노릇해질 때까지 볶은 다음 뒤집어 반대쪽도 다시 볶습니다.

f) 서빙하기 전에 종이 타월로 튀김의 물기를 제거하세요.

24.

제공량: 4

재료:

- 야채 육수 4 컵
- 아보리오/리조또 쌀 1 컵
- 얇게 썬 표고버섯 2 컵
- 간장 1 큰술
- 잘게 썬 신선한 백리향 1 큰술
- 잘게 썬 신선한 파슬리 1 큰술
- 드라이 화이트 와인 $\frac{1}{4}$ 컵(선택 사항)
- 얇게 썬 샬롯 $\frac{1}{2}$ 컵
- 비건 파마산 치즈, 서빙용

지도:

a) 깊은 프라이팬이나 바닥이 넓은 냄비에 기름을 두르고 중불로 가열합니다. 샬롯을 넣고 소금과 후추로 간을 합니다. 갈색이 될 때까지 볶은 다음 버섯과 간장을 추가합니다. 표고버섯이 황금색이 되고 캐러멜화될 때까지 요리합니다.

b) 팬에서 버섯 한 숟가락을 꺼내 따로 보관합니다.

c) 백리향과 파슬리를 추가한 다음 아보리오 쌀을 추가합니다. 밥이 들러붙지 않도록 저어가며 1 분간 끓입니다. 그런 다음 드라이 화이트 와인을 넣고 대부분 흡수될 때까지 요리합니다.

d) 한 번에 한 국자씩 야채 스톡을 넣고 자주 저어줍니다. 각 국자가 가득 흡수되면 다른 국자를 추가하십시오. 아르보리오 쌀이 알단테로 익을 때까지 계속 끓입니다.

e) 불을 끄고 비건 파마산 치즈를 잘 저어주세요.

f) 그릇과 윗면에 캐러멜 처리된 버섯과 여분의 파슬리를 얹습니다. 제공하다.

25.   군표볶

제공량: 4

재료

- 4 온스. 표고버섯은 줄기를 제거하고 갓을 썰어줍니다
- 12 온스 아스파라거스, 손질
- 올리브 오일 1 큰술
- 소금과 후추, 입맛에 맞게
- 간장 $1\frac{1}{2}$ 테이블스푼
- 말린 로즈마리 $\frac{1}{2}$ 테이블스푼

지도:

a) 오븐을 $425°F$ 로 예열하세요.

b) 모든 재료를 오븐용 접시나 베이킹 시트에 넣고 야채에 기름과 양념을 입히도록 버무립니다.

c) 버섯이 부드러워지고 아스파라거스가 바삭바삭 부드러워질 때까지 10 분 동안 굽습니다.

d) 딥과 함께 제공하십시오.

26. 맛있한 표보리 샐러드

제공량: 4

재료:

- 진주 보리 $\frac{1}{4}$ 컵
- 줄기를 제거하고 잘게 썬 표고버섯 $\frac{1}{4}$ 파운드
- 잘게 다진 샬롯 1 개
- 반으로 자른 적양파 1 개
- 다진 마늘 4 쪽
- 소금과 후추, 입맛에 맞게
- 발사믹 글레이즈 4 큰술
- 메이플시럽이나 꿀 1 큰술
- 찢어진 큰 상추 1 개
- 다진 파슬리 $\frac{1}{4}$ 컵
- 다진 딜 가지 $\frac{1}{4}$ 컵

지도:

a) 냄비에 보리, 적양파, 마늘, 소금을 넣습니다. 물을 약 2 인치 정도 덮은 다음 곡물이 부드러워지고 물이 흡수될 때까지 약 40 분간 끓입니다.

b) 보리가 10 분 정도 익으면 바삭한 버섯을 만들어주세요. 프라이팬에 기름을 두르고 버섯을 넣고 황금색이 될 때까지 약 10 분간 볶습니다. 키친 페이퍼와 함께 접시에 옮겨 물기를 빼낸 후 소금과 후추를 뿌립니다.

c) 같은 프라이팬에 샬롯을 넣고 황금색이 될 때까지 요리합니다. 프라이팬을 불에서 내린 다음 발사믹과 메이플 시럽을 넣고 섞습니다.

d) 접시나 샐러드 그릇에 양상추 잎을 추가합니다. 보리와 발사믹 드레싱을 넣고 잘 버무립니다. 버섯, 파슬리, 딜을 얹습니다.

e) 따뜻하게 또는 시원하게 드실 수 있습니다.

27.

제공량: 2

재료:

- 흰쌀 1 컵
- 말린 표고버섯 2 컵
- 옥수수 전분 $\frac{1}{4}$ 컵, 추가
- 참기름
- 간장 $\frac{1}{4}$ 컵
- 흑설탕 2 큰술
- 막걸리 식초 2 큰술
- 다진 마늘 2 쪽
- 엄지손가락 크기의 생강 1 개를 갈아서 준비합니다.
- 핫소스 2 작은술
- 얇게 썬 파 2 개
- 참깨 2 작은술

지도:

a) 그릇에 버섯을 넣고 끓는 물을 부어주세요. 부드러워질 때까지 40 분 동안 담근 후 물기를 뺍니다. 천을 사용하여 버섯의 물기를 짜내고, 뭉개지지 않도록 주의하세요. 그런 다음 두꺼운 조각으로 자르고 옥수수 전분을 버무립니다.

b) 맑은 물이 나올 때까지 쌀을 헹구십시오. 이렇게 하면 전분이 제거되어 쌀이 끈적해집니다. 패킷 지침에 따라 요리한 다음 증기로 건조시킵니다.

c) 냄비나 프라이팬에 참기름을 두르고 중간 불로 가열합니다. 살짝 끓어오르면 버섯을 넣고 황금빛 갈색이 되고 옥수수 전분이 남지 않을 때까지 볶습니다.

d) 그동안 간장, 흑설탕, 쌀식초, 마늘, 매운 소스, 생강을 그릇에 넣고 섞습니다. 함께 섞은 다음 작은 냄비에 넣고 걸쭉해질 때까지 요리합니다.

e) 소스에 버섯을 넣고 버무려 코팅합니다.

f) 밥을 그릇에 나누고 버섯을 토핑으로 얹습니다. 참깨와 쪽파를 넣은 후 드세요.

28.

산출량: 2 인분

재료

- 1 도토리 스쿼시; 반으로 자르고 씨를 뿌린다
- 말린 크랜베리 또는 건포도 $\frac{1}{2}$ 컵
- 뜨거운 물 $\frac{1}{4}$ 컵
- 버터 4 테이블스푼
- 4 온스' 신선한 야생 버섯(표고버섯 등); 줄기와 잘게 썬 것
- 다진 양파 $\frac{1}{4}$ 컵
- 말린 세이지 1 티스푼
- 통밀빵가루 1 컵

지도

a) 오븐을 425#161#F 로 예열하세요. 8x8x2 인치 유리 베이킹 접시에 스쿼시 절단면이 아래로 향하도록 놓습니다. 접시를 플라스틱 랩으로 단단히 덮습니다. 전자레인지에 최대 10 분. 증기가 빠져나가도록 플라스틱을 뚫습니다.

b) 스쿼시 반쪽을 잘라낸 면이 위로 오도록 찾아서 뒤집습니다. 구멍에 소금과 후추로 양념을 하세요. 작은 그릇에 말린 크랜베리와 뜨거운 물을 섞습니다. 무거운 중간 프라이팬에 버터 3 테이블스푼을 넣고 중간 불로 녹입니다. 버섯, 양파, 세이지를 넣고

c) 부드러워지기 시작할 때까지 약 5 분간 볶습니다. 빵가루를 추가하고 빵가루가 살짝 갈색이 될 때까지 약 3 분간 저어줍니다.

d) 크랜베리를 담가둔 액체와 섞습니다. 소금과 후추로 맛을 낸다. 스쿼시 반쪽으로 채우는 마운드. 남은 버터로 점을 찍으세요. 완전히 가열되고 윗부분이 바삭해질 때까지 약 10 분간 굽습니다.

29.

재료

- 올리브 오일 2 테이블스푼
- 큰 양파 1 개, 다진 것
- 2 온스 프로슈토 디 파르마, 잘게 썬 것
- 다진 샬롯 2 테이블스푼
- 다진 마늘 2 큰술
- 잘게 다진 파슬리 ½ 컵
- 다양한 야생 및 이국적인 버섯 1 파운드
- 다진 바질 2 테이블스푼
- 다진 신선한 오레가노 1 테이블스푼
- ⅔ 컵 드라이 화이트 와인
- 으깬 토마토 통조림 1½ 파운드; 2 파운드로
- 신선한 리코타 치즈 2 컵
- 계란 1 개
- 갈은 파르미지아노-레지아노 치즈 2 컵
- 갈은 모짜렐라 치즈 ½ 컵
- 소금 1 개, 맛을 보기 위해
- 갓 간 후추 1 개
- 라자냐로 자른 1 파운드의 신선한 파스타 시트; 여행, 희게,
- 헤비 크림 ½ 컵
- 우유 ¼ 컵
- 말린 바질 잎 8 개

지도

a) 오븐을 350 도까지 예열하세요. 13x9 인치 직사각형 베이킹 접시에 기름을 살짝 바릅니다. 큰 소테 팬에 올리브 오일을 데우세요.

b) 기름이 뜨거워지면 양파와 프로슈토를 약 4 분 동안 또는 양파가 시들고 약간 캐러멜화될 때까지 볶습니다.

c) 파슬리 ½ 컵, 샬롯, 버섯을 넣고 섞습니다. 10 분간 또는 버섯이 황금빛 갈색이 될 때까지 볶습니다. 소금과 후추로 간을 맞춘다.

d) 마늘, 바질, 오레가노를 넣고 저어주세요. 버섯 혼합물을 걸러내고 액체를 보관합니다. 액체를 다시 팬에 넣고 액체가 글레이즈를 형성할 때까지 약 5 분간 줄입니다. 가끔 측면을 긁어 입자를 느슨하게 합니다.

e) 와인을 추가하고 동일한 과정을 따르십시오. 토마토를 추가하고 10 분 동안 계속 요리합니다.

f) 소금과 후추로 간을 맞춘다. 소스에 버섯 혼합물을 추가합니다.

g) 믹싱볼에 리코타 치즈, 달걀, 남은 파슬리, 갈은 파르미지아노-레지아노 치즈 ½ 컵, 모짜렐라 치즈를 섞습니다.

h) 소금과 후추로 간을 맞춘다. 조립하려면 베이킹 접시 바닥에 소량의 소스를 숟가락으로 얹습니다. 파마산 치즈를 뿌린다. 소스 위에 파스타 한 겹을 올려주세요. 파스타 위에 치즈를 펴 바릅니다.

i) 크림을 남은 치즈와 섞으세요.

j) 소금과 후추로 간을 맞춘다. 라자냐 위에 붓습니다. 라자냐를 덮으세요. 뚜껑을 덮고 30 분간 굽고 뚜껑을 덮지 않은 채로 10~15 분간 굽거나 라자냐가 황금빛 갈색이 되어 굳을 때까지 굽습니다.

k) 라자냐를 오븐에서 꺼내서 10 분 동안 방치한 후 슬라이스하세요. 라자냐의 일부를 접시 중앙에 놓습니다. 강판 치즈와 튀긴 바질 잎으로 장식합니다.

30. BBQ 오리& 야생버섯 카나페야

산출량: 4 인분

재료
- 구운 오리 다리 $\frac{1}{2}$ 컵; 껍질이 없는 오리 다리 2 개에서 뼈를 떼어낸 고기
- 뉴멕시코 바베큐 소스 1 컵
- 치킨 스톡 $\frac{1}{2}$ 컵
- 구운 표고버섯 뚜껑 $\frac{1}{2}$ 컵, 구운 것
- 밀가루(6 인치) 토르티야 3 개
- $\frac{1}{4}$ 컵 갈은 몬테레이 잭
- 갈은 화이트 체다치즈 $\frac{1}{4}$ 컵
- 소금과 갓 갈은 후추
- 매운 망고 살사 $\frac{1}{2}$ 컵

지도
a) 캐서롤에 다리를 넣고 소스를 바르세요. 다리 주위에 스톡을 붓습니다. 뚜껑을 덮고 300 도에서 3 시간 동안 굽고, 30 분마다 BBQ 소스를 바릅니다. 식힌 후 오리고기를 골라냅니다.

b) 장작불이나 숯불을 준비하여 불씨가 될 때까지 기다립니다.

c) 작업대에 토르티야 2 개를 놓습니다. 치즈, 오리, 버섯을 각각 절반씩 펴 바르고 소금과 후추로 맛을 냅니다. 2 겹을 쌓고 남은 토르티야로 덮은 후 기름 1 큰술을 바르고 고추가루를 고르게 뿌립니다. 이때까지 미리 준비해서 냉장보관하시면 됩니다. 각 면을 3 분간 굽거나 토르티야가 약간 바삭해지고 치즈가 녹을 때까지 굽습니다.

d) 4 등분으로 자르고 살사를 곁들여 뜨겁게 서빙하세요.

31. 0생 버씨이기튀한 콜빵

재료

- 4 둥글고 질 좋은 흰빵롤
- 껍질을 벗겨 반으로 자른 큰 마늘 2 쪽
- 올리브 오일 50 밀리리터(2 온스)
- 야생 버섯 200g(7 온스)
- 무염 버터 25g(1 온스)
- 물 50 밀리리터(2 온스)에 레몬즙 1 1/2 티스푼을 섞습니다.
- 소금과 갓 갈은 후추
- 잘게 썬 신선한 처빌 1 작은술 [당근과의 허브]
- 타라곤 잎 몇 개를 끓는 물에 몇 초간 데친 후 잘게 썬다
- 다진 신선한 파슬리 1 티스푼
- 휘핑한 휘핑 크림 50 밀리리터(2 온스)

지도

a) 오븐을 180'C / 350'F / 가스로 예열하세요. 4. 각 빵 롤을 꺼내서 윗부분을 아래로 1/3 정도 잘라냅니다. 부드러운 속을 파내세요. 빈 공간 내부와 "뚜껑" 내부 상단을 마늘로 문지른 다음 같은 표면에 올리브 오일을 바르십시오. 예열된 오븐에 넣어 10 분 동안 건조하고 바삭하게 구워주세요.

b) 야생 버섯을 버터에 1 분간 볶습니다. 물과 레몬즙을 넣고 아이와 함께 1 분간 더 요리하세요. 맛을 보고 소금과 후추로 간을 한 후 보관하세요. 휘핑크림에 잘게 썬 허브를 넣고 소금과 후추로 맛을 낸 후 맛을 냅니다.

c) 서빙 직전에 휘핑 크림을 버섯과 주스에 넣고 휘젓습니다. 각 빵 롤의 빈 공간 사이에 버섯을 나누고 소스를 숟가락으로 뿌립니다. "뚜껑"을 덮고 서빙하세요.

분량: 4 인분

재료

- 신선한 라임 주스 $\frac{1}{4}$ 컵
- 저나트륨 간장 1 테이블스푼
- 2 마늘 정향, 다진 것
- 땅콩 기름 2 작은술
- 치킨 스톡 2 티스푼
- 파 1 티스푼, 다진 것
- 레드 페퍼 플레이크 $\frac{1}{4}$ 티스푼
- 4 가자미 필레: 약 5 온스 각 1 인치 두께
- 원하는 야생 버섯 1 컵을 잘게 썬 것
- 치킨 스톡 2 테이블스푼
- 샬롯 1 테이블스푼, 다진 것
- 2 마늘 정향, 다진 것
- 시금치 2 단, 청소하고 손질했다
- 후추

지도

a) 처음 7 가지 갈비 재료를 작은 그릇에 섞습니다. 베이킹 접시에 넙치를 넣습니다. 양념장을 광어 위에 붓고 냉장고에 1 시간 동안 재워둡니다. 육수, 샬롯, 마늘을 크고 무거운 프라이팬에 넣고 센 불로 끓입니다. 시금치를 추가하십시오; 뚜껑을 덮고 시금치가 시들해질 때까지 약 2 분간 조리합니다. 열에서 제거하십시오. 소금과 후추로 간을 맞춘다. 덮어서 따뜻하게 유지하세요.

b) 그 사이에 브로일러를 예열하세요. 갈비를 육계 팬으로 옮깁니다. 마리네이드를 예약하십시오. 넙치를 윗부분이 불투명해질 때까지 약 3 분간 굽습니다.

c) 광어를 뒤집고 브로일러 팬에 버섯을 추가합니다. 갈비뼈가 완전히 익고 버섯이 부드러워질 때까지 약 3 분간 계속 끓입니다.

d) 미리 준비해둔 마리네이드를 무거운 작은 냄비에 넣고 끓입니다. 필요한 경우 시금치의 물기를 빼고 접시 4 개에 나누어 담습니다. 갈비를 얹습니다.

e) 마리네이드를 붓고 버섯으로 장식하여 서빙합니다.

33.　　　버섯림 & 야쌀

산출량: 1 인분

재료
- 버터 7 테이블스푼(분할); (7/8 스틱)
- 다용도 밀가루 4 테이블스푼
- 뜨거운 우유 1 컵; (탈지 또는 2%)
- 야채 육수 2 컵; (각기 다른)
- 얇게 썬 양파 $\frac{1}{2}$ 컵; (각기 다른)
- 파프리카 $\frac{1}{2}$ 티스푼
- 육두구 가루 $\frac{1}{2}$ 작은술; (대략) (나누어)
- 얇게 썬 버섯 3 컵; (나누어) (얇게 썰어서)
- 1 월계수 잎
- 다진 셀러리 $\frac{1}{4}$ 컵
- 4 정향 전체
- 뜨겁게 조리된 야생 쌀 1 컵; (패키지 방향을 따르세요)
- 다진 파슬리 1 테이블스푼
- 드라이 화이트 와인 $\frac{1}{4}$ 컵
- 소금과 후추; 맛을보기 위해

지도
a) 큰 냄비에 버터 4 테이블스푼을 넣고 약한 불로 녹입니다. 밀가루를 넣고 계속 저으면서 3 분간 조리합니다. 뜨거운 우유와 육수 1 컵을 천천히 저어줍니다. 약 15 분간 부드러워질 때까지 나무 숟가락으로 계속 저으면서 약한 불로 소스를 요리합니다. 다른 냄비에 남은 버터 1 테이블스푼을 녹입니다. 양파 $\frac{1}{4}$ 컵, 파프리카, 육두구 $\frac{1}{8}$ 티스푼을 넣고 2 분간 조리합니다. 첫 번째 혼합물에 첨가하고 혼합되도록 저어줍니다.

b) 같은 팬에 얇게 썬 버섯 2 컵을 남은 버터 2 테이블스푼에 볶습니다. 월계수 잎, 얇게 썬 양파 $\frac{1}{4}$ 컵, 잘게 썬 셀러리, 정향, 육수 1 컵을 추가합니다. 뚜껑을 덮고 중간 불로 10 분간 조리하세요.

c) 혼합물을 블렌더나 푸드 프로세서에서 부드러워질 때까지 약 1 분간 섞습니다.

d) 버섯/셀러리 혼합물은 고운 체로 걸러내고 밀가루/우유 혼합물은 소쿠리에 걸러냅니다. 야채 조각을 버리십시오.

e) 두 혼합물을 큰 냄비에 다시 넣고 섞습니다. 혼합물이 부드러워질 때까지 저으면서 약한 불로 5 분간 조리합니다.

f) 밥과 남은 버섯 1 컵, 파슬리, 와인을 넣고 섞습니다. 원하는 경우 소금과 후추를 첨가하십시오. 월계수 잎을 제거하고 원할 경우 남겨둔 육두구를 뿌려서 드세요. 6~7 인분 분량입니다.

34.   닭고기 수프 버섯 두경

재료

- 식물성 기름 1 테이블스푼
- 3 파운드 닭고기 1 개; 조각으로 자르다
- 2 개의 큰 양파; 1 인치 조각으로 자르다
- 물(12 컵
- 3 셀러리 줄기; 1 인치 조각으로 자르다
- 신선한 파슬리 가지 3 개
- 월계수 잎 2 개
- 말린 표고버섯 1 온스
- 뜨거운 물 2 컵
- ⅓ 컵 닭 지방; (재고에서 예약되거나 구매됨)
- 큰 계란 4 개
- 다진 신선한 쪽파 2 테이블스푼
- 1½ 테이블스푼 다진 신선한 타라곤 또는 말린 1 1/2 티스푼; 무너진
- 소금 1½ 티스푼
- 후추 ¼ 티스푼
- 무염 맛조 가루 1 컵
- 3½ 쿼트 물 (14 컵)
- 다진 신선한 타라곤 1 티스푼 또는 말린 부스러기 1/4 티스푼
- 다진 신선한 쪽파
- 8 인분

지도

a) 수프의 경우; 무거운 큰 냄비에 기름을 넣고 중간 불로 가열합니다. 닭고기와 양파를 넣고 갈색이 될 때까지 자주 저어주며 약 15 분간 조리합니다. 물 12 컵, 셀러리, 파슬리, 월계수 잎을 추가합니다. 끓여서 표면을 걷어냅니다. 불을 줄이고 8 컵으로 줄어들 때까지 약 5 시간 동안 천천히 끓입니다. 그릇에 걸러냅니다. 뚜껑을 덮고 위에 지방이 굳을 때까지 냉장 보관하세요.

b) 수프의 지방을 제거하고 무교병용 지방을 남겨두세요.

c) **Matzo Balls** 의 경우; 표고버섯을 작은 그릇에 넣습니다. 뜨거운 물 2 컵을 부어주세요. 부드러워질 때까지 약 30 분간 담가둡니다.

d) 녹인⅓ 닭 지방을 컵에 담아 식혀주세요. 녹인 닭고기 지방, 표고버섯 불린 액체 $\frac{1}{4}$ 컵(나머지 남겨두기), 계란, 쪽파 2 테이블스푼, 타라곤 1$\frac{1}{2}$ 테이블스푼, 소금 1$\frac{1}{2}$ 티스푼, 후추 $\frac{1}{4}$ 티스푼을 중간 크기 그릇에 넣고 잘 섞습니다. matzo 식사를 섞는다. 뚜껑을 덮고 3 시간 동안 냉장 보관하세요. (1 일 전부터 준비 가능합니다. 버섯을 불린 물에 담가서 냉장보관하세요.)

e) 3 $\frac{1}{2}$ 쿼트의 물을 큰 냄비에 담습니다. 소금을 넉넉히 넣고 끓입니다. 젖은 손으로 차가운 맛조 가루 혼합물을 1 인치 크기의 공 모양으로 만들고 끓는 물에 넣습니다. 뚜껑을 덮고 무교병이 완전히 익고 부드러워질 때까지 약 40 분간 끓입니다. (익은 정도를 테스트하려면 무교병 1 개를 꺼내서 잘라주세요.) 슬롯형 스푼을 사용하여 무교병을 접시에 옮깁니다.

f) 버섯의 물기를 빼고 액체를 비축합니다. 버섯은 줄기를 버리고 얇게 썰어주세요. 남은 버섯 담그기 액체, 버섯, 닭고기 수프, 신선한 타라곤 1 티스푼을 무거운 큰 냄비에 넣고 끓입니다.

g) 소금과 후추로 맛을 낸다. 무교병을 넣고 완전히 가열될 때까지 끓입니다. 수프를 그릇에 담습니다. 골파로 장식하고 서빙하세요.

35. 훈제 바게트

2 개 만든다
재료
- 표고버섯 100g
- 팽이버섯 50g
- 느타리버섯 50g
- 참기름 2 큰술
- 잘게 썬 레몬그라스 1 큰술
- 다진 붉은 고추 1 티스푼
- 소금 $\frac{1}{2}$ 티스푼
- 간장 1 작은술
- 바게트 2 개
- 땅콩버터 1 큰술
- 오이 8 조각
- 잘게 썬 고수풀 6 개
- 구운 참깨 1 티스푼

지도

a) 표고버섯과 느타리버섯은 채썰고, 팽이버섯은 뿌리를 잘라냅니다.

b) 프라이팬이나 웍에 기름을 두르고 중간 불로 가열한 후 레몬그라스와 고추를 넣고 레몬그라스가 약간 갈색이 되고 향이 날 때까지 몇 분 동안 볶습니다. 버섯을 모두 넣고 잘 섞은 후 소금을 뿌려주세요. 간장을 넣고 입맛에 맞게 조절하세요.

c) 반미를 조립하려면 바게트를 세로로 나누고 빵 안의 반죽을 일부 제거하세요. 다시 닫고 그릴이나 오븐에 빵을 살짝 구워서 속은 따뜻하고 겉은 바삭하게 구워줍니다.

d) 빵 위에 땅콩버터를 바르고, 바게트 위에 버섯을 고르게 펴 바릅니다. 그 위에 오이 조각을 배열하고, 고수를 굵게 다져서 뿌립니다. 참깨를 뿌린 후 작은 칼로 모든 재료를 가장자리에서 살짝 밀어낸 후 닫아 먹습니다.

36. 표고버섯 볶음

4 인분

재료

- 씻어서 줄기를 버린 중간 크기 표고버섯 12 개
- 일반 밀가류(분진용)
- 닭고기 다진 것 300g
- 새우 다진 것 150g
- 잘게 다진 파 3 개
- 잘게 썬 생강 뿌리 1 티스푼
- 청주(막걸리) 1 큰술
- 간장 1 큰술
- 올리브유, 튀김용
- 소금

소스용

- 간장 4 큰술
- 미린(청주) 2 큰술
- 흑설탕 1 큰술
- 청주 1 큰술

지도:

a) 표고버섯의 안쪽 부분에 밀가루를 뿌립니다. 닭고기, 새우, 파, 생강, 청주, 간장, 소금 한 꼬집을 섞은 후 각 버섯의 구멍을 채웁니다.

b) 약간의 올리브 오일을 두른 후 양면을 5 분 동안 부드럽게 튀기세요. 소스 재료를 찾아서 추가합니다. 가열하고 약간 증발시키십시오.

c) 1 인당 3 개씩 제공하고 각각에 약간의 소스를 곁들여 먹습니다.

팽이버섯

37. 표고채볶음

제공량: 2

재료

- 네스트 쌀국수 2 개
- 미림 2 작은술
- 참기름 1 큰술
- 얇은 조각으로 껍질을 벗긴 큰 당근 1 개
- 잘게 다진 붉은 피망 1 개
- 죽순 캔(7 온스) 1 개
- 홍고추 1 개는 잘게 썰어 씨를 제거하고
- 잘게 썬 파 6 개
- 다진 마늘 2 쪽
- 껍질을 벗기고 갈아서 작은 조각 생강 1 개
- 쌀식초 2 큰술
- 설탕 1 큰술
- 칠리 플레이크 1 티스푼
- 간장 2 큰술
- 팽이버섯 1 묶음
- 큰 계란 2 개
- 참깨 2 작은술

지도

a) 껍질을 벗긴 당근을 그릇에 넣고 쌀식초 1 큰술, 모든 설탕, 칠리 플레이크로 덮습니다. 깨끗한 손으로 식초를 당근에 으깨어 넣습니다. 빠른 피클을 만들기 위해 따로 보관하세요.

b) 포장 방법에 따라 쌀국수 둥지를 익힌 다음 물기를 빼고 소쿠리에 담아 증기 건조시킵니다.

c) 웍(또는 프라이팬이 없으면 프라이팬)을 중간 불로 가열하고 참기름을 첨가합니다. 냄비를 휘저어 바닥과 옆면을 코팅합니다. 뜨거워지면 피망, 죽순, 절인 당근을 넣습니다. 야채가 부드러워질 때까지 계속 저으면서 야채를 약 4 분 동안 요리합니다.

d) 팽이버섯, 마늘, 생강을 넣고 마늘 향이 날 때까지 1 분간 더 조리합니다. 면을 넣고 나머지 쌀식초와 간장을 모두 부어주세요. 불을 약하게 줄이고 버무립니다.

e) 그 사이에 큰 프라이팬에 순한 식용유를 두르고 계란 두 개를 볶습니다. 원하는 식감이 완성되면 국수 볶음을 그릇에 나누어 담고 그 위에 계란을 하나씩 올려주세요.

f) 얇게 썬 파와 통깨를 위에 뿌려서 드세요. 원하시면 라임즙을 짜서 넣어주셔도 됩니다.

38. 팽이버섯볶음

제공량: 4

재료

- 8 온스 팽이버섯
- 참기름 2 큰술
- 간장 1 큰술
- 잘게 다진 마늘 2 쪽
- 대파 4 개, 흰 부분을 제거하고 초록 꼭지를 잘게 썬다

지도

a) 팽이버섯 줄기의 아래쪽 끝부분을 제거하세요. 헹구고 키친 페이퍼로 두드려서 말리세요.

b) 냄비나 소테 팬에 참기름을 넣고 중간 불로 가열합니다. 기름이 매우 뜨거워지면 버섯을 넣고 1~2 분 정도 볶습니다. 10~20 초마다 계속 공중에 던져서 뒤집어서 모든 면이 익도록 하세요.

c) 불을 낮추고 마늘을 넣고 30 초 더 조리하세요.

d) 간장을 넣고 불에서 팬을 꺼냅니다. 즉시 제공하고 얇게 썬 파를 얹습니다.

39.   팽이벗숲

제공량: 2

재료
- 뿌리를 제거한 $\frac{1}{2}$ lb. 에노키 버섯
- 다진 마늘 3 쪽
- 케첩 2 큰술
- 된장 2 큰술
- 잘게 썬 태국 고추 1 개
- 참기름 1 큰술
- 야채육수 $\frac{1}{2}$ 컵
- 대충 다진 신선한 고수풀 다발

지도
a) 먼저 냄비에 참기름을 두르고 중간 불로 가열합니다. 다진 마늘을 넣고 향이 날 때까지 살짝 볶습니다. 화상을 입지 않도록 주의하세요.
b) 바닥에 있는 기름이 붉어지기 시작할 때까지 케첩을 넣고 저어줍니다. 그런 다음 야채 국물을 부어주세요. 빨간 된장을 넣고 잘 섞이도록 저어줍니다.
c) 팽이버섯을 뿌리고 부드러워질 때까지 1~2 분간 조리합니다.
d) 국자를 사용하여 수프를 그릇에 나누어 담습니다. 고수와 칠리 몇 조각을 얹습니다. 선택적으로 참기름을 한 방울 더 추가합니다.

40.　　팽이벗 마살라

제공량: 4

재료

- 1 파운드 에노키 버섯(대략 4 송이)
- 잘게 썬 녹색 피망 1 개
- 잘게 썬 큰 양파 1 개
- 다진 마늘 4 쪽
- 강판에 간 생강 1 인치 조각
- 잘게 썬 칠리 1 개
- 다진 토마토 1 캔
- 설탕 1 티스푼
- 버터나 버터 기름 1 큰술
- 신선한 고수풀, 대충 다진 것

카레가루의 경우

- 커민씨 1 티스푼
- 고수씨 1 티스푼
- 카다몬 꼬투리 3 개
- 1 인치 계피 스틱
- 검은 후추 열매 $\frac{1}{2}$ 티스푼
- 갈은 고추가루 1 티스푼
- 강황 가루 1 티스푼

지도

a) 카레 가루를 만들려면 커민 씨, 고수 씨, 카다몬 꼬투리, 계피 스틱, 통후추를 마른 프라이팬에 넣고 중약 불로 가열합니다. 향이 날 때까지 살짝 굽되 타지 않도록 하세요. 그렇지 않으면 쓴맛이 나기 때문입니다. 향이 나면 푸드 프로세서나 막자사발로 옮기고 분쇄/블리츠하여 고운 가루로 만듭니다. 그런 다음 칠리와 강황을 넣고 저어주세요.

b) 사용하는 쌀을 패킷 지침에 따라 준비하십시오.

c) 바닥이 평평한 팬을 중간 불로 가열하고 버터나 버터 기름을 넣습니다. 녹으면 잘게 썬 양파를 넣습니다. 부드러워지고 향이 날 때까지 조리하세요. 가급적이면 소금 한 꼬집을 넣어주세요. 그런 다음 마늘, 생강, 피망을 넣고 1 분간 더 볶습니다.

d) 향신료 가루를 넣고 1 분간 더 볶습니다. 바닥에 들러붙으면 물을 조금 추가해 보세요.

e) 다진 토마토 캔을 추가한 다음 캔에 물을 반쯤 채우고 팬에 추가합니다. 설탕과 버섯을 넣고 끓인 후 약불로 줄여 소스가 걸쭉해질 때까지 30 분 동안 조리합니다.

f) 밥 위에 카레를 얹고 신선한 고수풀을 얹습니다.

41.

제공량: 3

재료
- 압축된 블록 단단한 두부 17oz(500g)
- 5 온스 팽이버섯
- 쪽파 2 개를 얇게 썰어 흰자와 녹색을 분리합니다.
- 간장 $\frac{1}{4}$ 컵
- 미림 1 큰술
- 쌀식초 2 큰술
- 참기름 2 큰술
- 고추장 1 $\frac{1}{2}$ 큰술
- 다진 마늘 2 쪽
- 설탕 1 큰술
- 밥 1 $\frac{1}{2}$ 컵
- 참깨 1 큰술

지도
a) 그릇에 파의 흰 부분과 간장, 미림, 참기름, 쌀식초, 고추장, 마늘, 설탕을 넣고 섞습니다. 물 $\frac{1}{2}$ 컵도 붓고 고추장이 녹을 때까지 잘 섞이도록 저어줍니다.

b) 두부를 $\frac{1}{2}$ 인치 두께의 조각으로 자릅니다. 정사각형이나 직사각형 모두 작동합니다.

c) 바닥이 두꺼운 붙지 않는 프라이팬을 중간 불로 가열하고 바닥을 식물성 기름으로 덮습니다. 뜨거워지면 두부를 넣으세요. 황금빛 갈색이 될 때까지 두부 조각의 각 면을 약 5 분 동안 볶습니다. 일괄적으로 작업해야 할 수도 있습니다.

d) 팬에 팽이버섯을 넣습니다. 불을 중간 정도 높이로 유지하고 소스를 부어주세요. 끓으면 불을 줄이세요.

e) 숟가락을 이용해 두부 위에 소스를 계속 떠서 올려주세요. 소스가 흡수될 때까지 버섯이 익을 때까지 5 분 더 조리하세요.

f) 밥 위에 얹고 양파의 녹색 부분과 참깨를 얹습니다. 좀 더 맛있게 드시려면 집에서 만든 김치를 추가해 보세요.

42. 粥品

재료

- 저염 쇠고기 육수 4 컵
- 얇게 썬 작은 당근 1 개
- 1 셀러리 속줄기,
- 다진 것
- ½ 작은 베이 잎
- 말린 민트 1 티스푼
- 설탕 1 테이블스푼
- 레드와인 2 컵
- 1 쿼트 아주 잘 익은 딸기
- 껍질을 벗긴
- 손질하고 씻어낸 팽이버섯 16 개

지도:

a) 냄비에 처음 7 가지 재료를 섞습니다. 끓인 후 부분적으로 뚜껑을 덮고 20 분 동안 끓입니다. 육수를 식힌 후 걸러내고 야채를 버립니다. 푸드 프로세서에 딸기와 육수 한 컵을 섞습니다. 퓌레.

b) 퓌레를 남은 육수와 섞습니다. 2 시간 동안 진정하세요. 각 그릇에 4 개의 버섯을 띄웁니다.

43. 팽이버섯을 넣은 생선 수프

재료

- 4 파운드 흰살 생선의 머리와 뼈
- 단독과 같은: 가자미, 도미 또는 배스
- 1 개의 중간 양파: 덩어리로 자르다
- ½ 헤드 회향: 덩어리로 자르다
- 2 당근: 덩어리로 자르다
- 2 셀러리 줄기: 덩어리로 자르다
- 무염버터 2 테이블스푼
- 신선한 레몬그라스 줄기 10 개
- 사케 1 컵
- 생강 1 조각 - (1 인치), 껍질을 벗겨 얇게 썬 것
- 얇게
- 5 잔가지 납작한 파슬리
- 신선한 고수풀 5 개
- 추가 고수잎: 장식용
- 통후추 10 개
- 1½ 파운드 킹크랩 다리: 껍질을 제거하고,
- 1/2" 조각으로 자르세요
- 7 온스의 에노키 버섯:
- 캡 포함
- 소금: 맛을보기 위해

지도:

a) 양파, 회향, 당근, 셀러리를 푸드 프로세서에 넣습니다. 중간 정도까지 펄스를 줍니다. 중간 불로 12 쿼트 냄비에 버터를 녹입니다. 가공된 야채를 추가하고 부드러워질 때까지 가끔씩 저어주며 8~10 분간 조리합니다.

b) 레몬그라스 6 줄기를 세로로 반으로 자릅니다. 따로. 나머지 4 개 줄기의 질긴 바깥층을 제거하고 폐기합니다. 매우 얇은 조각으로 십자형으로 자르고 따로 보관하십시오. 생선 머리와 뼈를 육수 냄비에 추가합니다. 불을 중간 정도 높이로 올리세요.

c) 가끔씩 저어주면서 3~5 분 동안 요리합니다. 사케, 생강, 미리 보관해 둔 레몬그라스 줄기, 파슬리, 고수풀, 후추 열매, 물 2½ 쿼트를 추가합니다.

d) 불을 약하게 줄이고 표면에 떠오르는 거품을 걷어낸 후 25 분 동안 끓입니다.

e) 열을 제거하십시오. **10** 분 동안 그대로 두세요. 적신 무명천을 두 겹으로 깐 여과기에 붓습니다. 고형물을 폐기하십시오. 지방을 제거하십시오. 게살, 미리 보관해 둔 레몬그라스 조각, 버섯을 추가합니다. 소금으로 간을 맞춘다.

f) 수프를 중간 불로 되돌리고 **10** 분간 끓입니다. 술잔 등 아주 작은 그릇 **12** 개에 국물을 붓습니다. 고수 잎으로 각각 장식하고 서빙하세요. 필요에 따라 다시 채우십시오. **10** 시부터 **12** 시까지 제공됩니다.

굴 버섯

44.   굴버섯딥

재료

- 손으로 잘게 썬 신선한 굴 버섯 1 파운드
- 버터 2 테이블스푼
- 잘게 다진 적양파 1/2 작은술
- 대시 크리스탈의 핫 소스
- 굵게 갈은 후추를 뿌린다
- 육두구 1/4 티스푼
- 사워 크림 1/4 컵
- 부드러운 크림치즈 3 온스
- 레몬즙 1 티스푼
- 우유 2 테이블스푼

지도:

a) 버터에 버섯을 1 분간 볶습니다.
b) 양파, 핫소스, 후추, 육두구를 추가합니다.
c) 포크로 크림치즈를 그릇에 넣고 으깬다. 사워 크림, 레몬 주스, 우유를 넣고 저어주세요.
d) 버섯 혼합물을 추가하십시오; 잘 섞다.
e) 칩, 크래커 또는 야채 디퍼와 함께 제공하십시오.
f) 1 컵을 만듭니다.

45.   아콜라 샐러드& 굴버섯

4~6 인분

재료:
- 엑스트라 버진 올리브 오일 3 테이블스푼
- 두껍게 썬 1/2 파운드 굴 버섯
- 소금과 갓 갈은 후추
- 발사믹 식초 2 테이블스푼
- 잘게 간 레몬 껍질 1/2 티스푼
- 성냥개비로 자른 안쪽 셀러리 갈비 2 개와 장식용 잘게 썬 셀러리 잎
- 아기 루꼴라 5 컵
- 야채 필러로 깎은 페코리노 로마노 또는 기타 날카로운 치즈 3 온스
- 얇게 썬 프로슈토 디 파르마 3 온스

지도:
a) 달라붙지 않는 큰 프라이팬에 올리브 오일 1 테이블스푼을 가열합니다. 버섯을 넣고 소금과 후추로 간을 합니다.
b) 부드러워지고 살짝 갈색이 될 때까지 가끔 저어주면서 적당히 센 불로 약 6 분간 조리합니다. 버섯을 그릇에 옮기고 식혀주세요.
c) 큰 그릇에 레몬 향과 남은 올리브 오일 2 테이블스푼을 넣고 식초를 휘젓습니다. 소금과 후추로 간을 맞춘다. 셀러리 성냥개비, 루꼴라, 버섯을 넣고 가볍게 버무립니다.
d) 샐러드를 큰 접시나 그릇에 옮기고 그 위에 페코리노 로마노, 프로슈토, 셀러리 잎을 얹습니다. 즉시 봉사하십시오.

46

재료

- 잘게 다진 통통한 마늘 2 쪽
- 잘게 다진 납작한 파슬리 1/2 컵
- 잘게 다진 레몬 껍질 1 테이블스푼
- 엑스트라 버진 올리브 오일 2 테이블스푼
- 손질한 신선한 굴 버섯 1 파운드
- 소금 맛
- 드라이 화이트 와인 2 테이블스푼
- 갓 갈은 후추
- 12 온스' 페투치니 또는 파르팔레
- 파스타 요리용 물 1/4~1/2 컵(맛에 따라)
- 갓 간 파마산 치즈 1/4~1/2 컵

지도:

a) 그레몰라타를 만들려면 다진 마늘, 파슬리, 레몬 제스트를 더미에 넣고 함께 잘게 썰어주세요. 따로.

b) 파스타를 담을 큰 냄비에 물을 데우기 시작하세요. 그동안 크고 무거운 프라이팬이나 웍을 중간 정도 높은 불로 가열하세요. 올리브유 1 큰술을 넣고 뜨거워지면 버섯을 넣어주세요.

c) 버섯이 살짝 갈색이 되고 땀이 나기 시작할 때까지 나무 숟가락으로 저어주거나 팬에 던지면서 버섯을 굽습니다. 소금과 화이트 와인을 추가하고 와인이 거의 증발하고 버섯에 윤기가 날 때까지 팬에 버섯을 계속 요리하거나 저어주거나 버무립니다. 약 5 분 정도 소요됩니다.

d) 남은 오일 한 스푼과 그레몰라타, 후추를 추가합니다. 향이 날 때까지 저으면서 약 1 분간 더 조리합니다. 맛을 보고 소금을 조절하세요. 파스타를 요리하는 동안 혼합물을 따뜻하게 유지하세요.

e) 물이 팔팔 끓으면 소금을 넉넉히 넣고 파스타를 넣어주세요. 포장에 적힌 시간 지침에 따라 알단테로 조리하세요. 물기를 빼기 전 파스타 삶은 물 1/2 컵을 빼주세요. 1/4 컵을 버섯에 넣고 함께 섞습니다.

f) 파스타의 물기를 빼고 큰 파스타 그릇이나 팬에 버섯과 함께 버무립니다. 뻑뻑한 것 같으면 따로 남겨두었던 요리용 물을 2~4 테이블스푼 추가하세요. 원하시면 파마산 치즈와 함께 드세요.

47.

신출량: 6 인분

재료
- 작은 꽃으로 자른 신선한 브로콜리 1-1/2 파운드
- 레몬즙 1 티스푼
- 소금 1 티스푼, 선택사항
- 설탕 1 티스푼
- 옥수수 전분 1 티스푼
- 육두구 가루 1/4 티스푼
- 손으로 잘게 썬 신선한 굴 버섯 1 파운드
- 링 모양으로 자른 중간 크기 양파 1 개
- 다진 마늘 1~2 쪽
- 올리브 오일 3 테이블스푼

지도:
a) 브로콜리를 1-2 분 동안 또는 바삭바삭해질 때까지 쪄주세요.
b) 찬물에 헹구어 따로 보관해두세요.
c) 그릇에 레몬 주스, 원하는 경우 소금, 설탕, 옥수수 전분 및 육두구를 섞습니다. 따로.
d) 큰 프라이팬이나 웍에 기름을 두르고 센 불에 버섯, 양파, 마늘을 넣고 3 분간 볶습니다. 브로콜리와 레몬 주스 혼합물을 첨가하십시오; 1-2 분 동안 볶습니다. 즉시 봉사하십시오.

48. 굴비를 곁들인 녹색 강낭콩

산출량: 1 인분

재료:

- 신선한 녹색 파스타를 기계에서 가장 얇게 펴서 만듭니다.
- 버진 올리브 오일 4 테이블스푼
- 1/8 인치 주사위에 중간 크기 붉은 양파 1 개
- 잘게 썬 신선한 로즈마리 잎 3 테이블스푼
- 1 파운드의 신선한 굴 버섯, 1/2 인치 조각
- 화이트 와인 ½ 컵
- 기본 토마토 소스 ½ 컵

지도:

a) 물 6 리터를 끓이고 소금 2 테이블스푼을 추가합니다.

b) 파스타를 2 인치 정사각형으로 자른 다음 연필로 감싸서 끝이 뾰족한 깃펜을 만듭니다. 따로.

c) 12~14 인치 소테 팬에 연기가 날 때까지 오일을 가열합니다. 양파와 로즈마리를 추가하고 부드러워지고 향이 날 때까지 약 6~7 분간 조리합니다.

d) 버섯을 추가하고 시들해질 때까지 3~4 분간 조리합니다. 화이트와인과 토마토소스를 넣고 끓입니다. 불을 낮추고 5~6 분간 끓입니다.

e) 그 동안 파스타를 물에 넣고 부드러워질 때까지 8~11 분간 조리합니다. 파스타의 물기를 빼고 버섯과 함께 팬에 추가합니다. 코팅하고 즉시 제공하십시오.

49. 햔찐굴버섯

분량: 4 인분

재료:
- 느타리버섯 1 파운드
- 올리브 오일 $\frac{1}{4}$ 컵
- 소금 1 개; 맛을보기 위해
- 갓 갈은 후추 1 개; 맛을보기 위해
- 백리향 5 개
- 로즈마리 5 줄기
- 세이지 5 개
- 파슬리 5 개
- 통마늘 10 쪽
- 화이트 와인 2 컵
- 컵용 라디키오 잎 4 개
- 허브 비네그레트

지도:

a) 그릇에 버섯을 기름, 소금, 후추와 함께 버무립니다.

b) 칼 뒷면을 사용하여 허브를 부드럽게 으깨고 깊은 소테 팬 바닥에 놓습니다. 칼날로 마늘을 으깨고 허브 주위에 놓습니다. 허브와 마늘 위에 와인을 붓습니다. 깊은 소테 팬에 찜기 팬을 놓습니다.

c) 찜기 팬 바닥에 버섯을 균일하게 채워주세요.

d) 팬 전체를 호일로 단단히 덮으세요. 중간 불에 놓고 10 분간 쪄주세요. 라디키오 컵을 서빙 접시에 놓습니다.

e) 버섯을 조심스럽게 제거하고 라디키오 컵에 넣습니다. 허브 비네그레트를 뿌리고 서빙하세요.

50. 굴버섯 소를 곁들인 랑꺼니

분량: 4 인분

재료:

- 굴버섯 2 컵; (약 1/4 파운드)
- 올리브 오일 1 테이블스푼
- 1 마늘 정향, 다진 것
- 소금 $\frac{1}{2}$ 티스푼
- 갓 간 육두구 1 대시
- 야채육수 $\frac{1}{2}$ 컵
- 토마토 소스 $\frac{1}{2}$ 컵
- 저지방 우유 $\frac{1}{2}$ 컵
- 다진 신선한 파슬리 2 테이블스푼
- 링귀니 3/4 파운드
- 갓 간 파마산 치즈 $\frac{1}{4}$ 컵; (선택 과목)

지도:

a) 모험 정신에 따라 일반 양송이버섯이나 다른 종류의 양송이버섯을 사용할 수 있습니다. 그러나 느타리버섯은 아주 특별한 맛을 냅니다.

b) 주사위 버섯. 달라붙지 않는 대형 프라이팬에 기름을 넣고 중간 불로 가열합니다. 버섯을 추가하고 가끔씩 저어주면서 4~5 분간 조리합니다. 마늘, 소금, 육두구를 넣고 저으면서 1 분간 조리합니다.

c) 육수, 토마토 소스, 우유를 넣고 끓입니다. 불을 줄이고 뚜껑을 덮고 10 분 동안 또는 버섯이 부드러워질 때까지 끓입니다. 파슬리를 넣고 저어주고 불을 끄세요.

d) 버섯이 요리되는 동안 큰 냄비에 물을 넣고 끓입니다. 링귀니가 단단해질 때까지 약 9~11 분간 조리합니다. 물을 빼다.

e) 따뜻한 그릇에 링귀니를 담고 버섯 소스를 얹습니다. 원하는 경우 강판에 간 파마산 치즈를 추가합니다.

f) 느타리버섯은 해산물을 연상시키는 맛, 색상, 질감을 가지고 있습니다.

g) 잘게 썬 이 버섯은 외관상 조개 소스와 유사한 소스를 생성합니다. 가끔 채식 요리를 처음 접하는 사람들은 익숙해 보이는 요리를 즐겨 먹습니다.

51. 굴배섯 차우더

재료:

- 굴 1 쿼트
- 굴주 1 컵
- 버터 3 테이블스푼
- 밀가루 1 테이블스푼
- 우유 1 컵
- 크림 $\frac{1}{2}$ 컵
- 다진 샬롯 2 테이블스푼
- 소금과 후추
- $\frac{1}{2}$ 파운드 버섯
- 다진 파슬리 2 티스푼

지도:

a) 가장자리가 말릴 때까지 약한 불로 술에 굴을 가열합니다. 배수, 술 절약.

b) 버터 1 큰술을 녹이고 밀가루를 섞은 다음 우유를 서서히 첨가하면서 계속 저어줍니다. 끓는물에 넣고 1 분간 조리하세요.

c) 크림, 샬롯, 파슬리, 소금, 후추를 추가합니다. 갈색이 되지 않을 때까지 남은 버터에 버섯을 데우세요.

d) 크림소스에 버섯, 굴, 굴액을 섞어줍니다. 즉시 봉사하십시오.

52

신출량: 1 인분

재료:
- 1 개의 작은 양파; 깍둑썰기한
- 1 마늘 정향, 다진 것
- 50g' 신선한 로켓
- 느타리버섯 200 그램
- 100 밀리리터의 야채 육수 - 두 배의 농도
- 화이트 와인 2 잔
- 올리브유
- 버섯 100g; 깍둑썰기한
- 링귀니 파스타 100g
- 브랜디 2 테이블스푼
- 소금과 후추
- 1 50 밀리리터 간장

지도:
a) 화이트와인 소스를 만들기 위해 올리브오일에 양파를 볶아줍니다. 마늘을 넣고 1 분 후 다진 버섯을 추가합니다. 더 이상 액체가 나오지 않을 때까지 4 분간 조리합니다. 브랜디를 넣고 불을 붙입니다. 육수와 와인을 추가하고 줄입니다.

b) 다른 팬에 굴버섯을 올리브 오일에 넣고 4 분간 볶습니다. 소금물을 끓여 링귀니를 삶는다. 요리의 마지막 순간에 로켓 잎을 추가합니다. 소스에 Soya Dream 을 추가하고 가열합니다.

c) 링귀니의 물기를 빼고 올리브 오일을 약간 추가하고 후추를 갈아서 접시에 담습니다. 접시에 굴 버섯을 화이트 와인 소스 풀에 담습니다.

53

산출량: 1 인분

재료:

- 마늘 6 쪽
- 남호주 엑스트라 버진 올리브 오일 300 밀리리터
- 느타리버섯 4 쟁반
- 작은 고추 2 개, 아주 잘게 다진
- 4 개의 큰 달콤한 붉은 고추; 씨를 뿌리고 잘게
- 바다소금 $\frac{1}{2}$ 티스푼
- 굵게 간 후추 $\frac{1}{2}$ 티스푼
- 발사믹 식초 300 밀리리터
- 약간의 올리브 오일에 마늘이 황금색이 될 때까지 볶습니다.

지도:

a) 팬에서 꺼내 종이 타월로 물기를 빼냅니다.
b) 남은 오일을 추가하고 불을 최고 수준으로 높입니다. 매우 뜨거울 때 버섯을 모두 넣고 요리합니다. 황금빛 갈색이 될 때까지 천천히 계속 저어줍니다.
c) 다진 고추와 잘게 썬 칠리, 소금, 후추를 추가하고 1 분간 더 조리한 다음 가끔 불이 붙을 때까지 뒤로 물러서서 식초를 추가합니다.
d) 잘 저어 불을 끄고 마늘을 넣고 저어주세요.

54. 된장무침

분량: 4 인분

재료:
- 8 온스' 신선한 굴 버섯
- 다진마늘 1 테이블스푼
- 올리브 오일 2 티스푼
- 다진 로즈마리 1 티스푼
- 마가린 1 티스푼(옵션)
- 다용도 밀가루 2 티스푼
- 셰리 1 티스푼
- 타마리 1 테이블스푼

지도:
a) 버섯을 가볍게 헹구고 두드려서 말립니다. 일정한 크기로 다듬어 따로 보관합니다.

b) 마늘을 기름에 넣고 중간 불로 15~20 초간 볶습니다. 버섯을 넣고 3 분간 볶습니다.

c) 로즈마리와 마가린을 추가하고 마가린이 녹을 때까지 약 30 초 동안 조리합니다. 밀가루를 뿌리고 계속 저으면서 요리하세요.

d) 남은 재료를 추가하고 액체가 약간 걸쭉해지고 ^ 버섯이 부드러워질 때까지 저어줍니다. 약 4 분

55

바닷가재의 노란버섯

산출량: 1 인분

재료:

- 샬롯 $\frac{1}{4}$ 컵; 잘게 썬 것
- 다진 마늘 $\frac{1}{2}$ 테이블스푼
- 다진 생강 $\frac{1}{4}$ 컵
- 태국 칠레 마늘 소스 $\frac{1}{2}$ 테이블스푼
- 발사믹 식초 1 컵
- 간장 $\frac{1}{2}$ 컵
- 올리브 오일 $1\frac{1}{2}$ 컵
- $\frac{1}{2}$ 컵 콩기름
- 1 파운드 굴 버섯; 줄기를 떼다
- 1 파운드 아기 시금치
- 다진 생강 $\frac{1}{2}$ 컵
- 다진 마늘 1 테이블스푼
- 유자 $2\frac{1}{2}$ 스푼
- 유자 주스 3 온스
- 간장 $\frac{1}{4}$ 컵
- 쌀식초 $\frac{1}{2}$ 컵
- 쌀식초 2 테이블스푼
- 화이트 와인 식초 2 테이블스푼
- 포도씨유 $\frac{1}{4}$ 컵
- 바다 가리비 30 10 개
- 6 온스의 달콤한 버터

지도:

a) 샬롯, 마늘, 생강, 칠리 마늘 소스, 발사믹 식초, 간장을 그릇에 넣고 함께 섞습니다. 올리브 오일을 천천히 첨가하되 유화시키지는 마십시오.

b) 아기 시금치와 굴 버섯 샐러드; 강한 프라이팬을 연기가 날 때까지 센 불로 가열합니다.

c) 먼저 간장유를 넣고 느타리버섯을 바로 넣고 약 2 분간 또는 황금빛 갈색이 될 때까지 볶습니다.

d) 프라이팬에서 버섯을 꺼내 시트 팬 위에 놓고 한 겹으로 펼칩니다.

e) 버섯 위에 간장 발사믹 비네그레트 약 $\frac{1}{2}$ 컵을 뿌리고 15 분 동안 재워둡니다(최대 6 시간 전에 할 수 있음).

f) 따로 보관해 두고 나중에 어린 시금치와 추가 비네그레트 치즈와 함께 버무립니다.

g) 감귤 칠리 소스: 믹서기에 생강, 마늘, 유자 코쇼, 유자, 간장, 쌀식초, 화이트 와인 식초를 넣고 중간 속도로 돌리고 포도씨유를 천천히 부어줍니다. 비네그레트는 유화되어야 합니다.

h) 고강도 프라이팬을 센 불로 가열합니다.

i) 가리비의 양면에 소금과 후추로 간을 하고 부드러워진 버터를 바르세요.

j) 가리비를 뜨거운 팬에 넣고 양쪽이 황금빛 갈색이 될 때까지 굽습니다. 각 면에서 약 $1\frac{1}{2}$~2 분 정도 굽습니다. 미디엄 레어가 원하는 서빙입니다.

k) 어린 시금치, 버섯, 간장 발사믹 비네그레트를 버무린 후 간을 조절하고 샐러드를 접시 중앙에 놓습니다.

l) 가리비를 수평으로 자르고 샐러드 주위에 배열합니다.

m) 가리비 위에 시트러스 칠리 비네그레트를 원하는 만큼 뿌립니다.

56

산출량: 1 인분

재료:

- 1400g; (14oz) 통송어
- 200g 의 신선한 굴 버섯: (7 온스)
- 200g' 신선한 표고버섯: (7 온스)
- 버터 120g; (4 1/4 온스)
- 신선한 백리향
- 신선한 마늘 3 개
- 레몬 2 개
- 다진 신선한 평평한 잎 파슬리
- 소금과 후추

지도:

a) 마늘의 절반을 껍질을 벗기고 끓는 물에 매번 3 분씩 두 번 데칩니다. 버섯과 마늘을 오븐용 접시에 넣고 잘 양념하세요.

b) 신선한 백리향과 버터 절반을 맨 위에 추가합니다. 200°C/400°F/가스 표시 6 으로 예열된 오븐에 약 20 분 동안 넣습니다.

c) 요리하는 동안 송어를 준비하고 껍질에 칼집을 낸 다음 오븐에 사용할 수 있는 다른 서빙 접시에 놓습니다. 남은 버터, 타임, 레몬, 마늘을 넣고 잘 섞으세요.

d) 오븐에 넣고 버섯과 같은 오븐에서 굽습니다. 요리하는 동안 두 접시에 양념을 치고 오븐에서 꺼내 다진 파슬리를 버섯에 추가하여 서빙합니다.

57.   ㄴ무굴버섯쌓쑤프

산출량: 6 인분

재료:
- 닭고기 국물 6 컵; 저지방, 저나트륨
- 참기름 1 티스푼
- 신선한 나무 굴 버섯 1 컵; 아니면 표고버섯
- 얇게 썬 흰 버섯 1 컵
- 2 마늘 정향; 다진 것
- 다진 파 2 큰술
- 다진 생강 1 테이블스푼
- 신선한 갈은 흰 후추

지도:
a) 육수 $\frac{1}{2}$ 컵과 기름을 냄비에 넣고 센 불로 가열합니다. 두 종류의 버섯을 모두 넣고 5 분간 볶습니다.
b) 마늘을 넣고 1 분간 볶습니다.
c) 파, 남은 국물, 생강을 추가합니다. 15 분 동안 끓입니다.
d) 신선한 흰 후추를 뿌려서 드세요.

58. 물냉와굴버섯쯴

산출량: 1 인분

재료:
- 중간 크기 양파 1 개
- 무염버터 30 그램
- 느타리버섯 250 그램
- 야채 육수 420 밀리리터
- 물냉이 2 단
- 마데이라 2 테이블스푼
- 더블크림 420 밀리리터
- 소금과 후추

재료:
a) 양파를 껍질을 벗기고 잘게 썬다. 큰 팬에 버터 반을 녹이고 양파를 넣고 부드러워질 때까지 볶습니다. 버섯을 잘게 썬다. 팬에 양파의 절반을 넣고 부드러워질 때까지 조리합니다. 냄비에 스톡을 붓고 끓입니다.

b) 물냉이를 씻고 다듬습니다. 장식용으로 잎 몇 장을 남겨두세요. 물냉이를 끓는 육수에 넣고 흐릿한 에메랄드빛 녹색이 될 때까지 약 30 초 동안 그대로 두세요. 열에서 팬을 제거하십시오.

c) 밝은 녹색이 되도록 믹서기나 푸드 프로세서에 즉시 수프를 퓨레로 만듭니다. 팬을 헹구십시오. 수프를 팬에 넣고 체에 통과시킵니다.

d) 작은 팬에 남은 버터를 녹이고 남은 다진 버섯을 볶습니다.

e) 팬에 마데이라를 추가하고 줄이면서 액체를 증발시킵니다. 크림을 넣고 끓입니다. 크림을 걸쭉하게 만들고 약간 캐러멜화하여 고소한 맛을 내기 위해 다시 줄입니다.

f) 캐러멜화된 크림을 물냉이 퓌레에 넣고 가볍게 가열합니다. 소금과 후추로 맛을 낸다. 서빙하기 전에 미리 준비해둔 물냉이 잎으로 장식하세요.

스위스 갈색 버섯

59.

4 인분

재료:
- 냉동 버즈아이 콜리플라워 야채 쌀 **500g** 패킷
- 계란 **3** 개, 가볍게 풀어주세요
- 갈은 맛있는 치즈 **1** 컵
- 자가 부풀어오르는 밀가루 **2** 테이블스푼
- 파프리카 ½ 티스푼
- 말린 오레가노 ½ 티스푼
- 엑스트라 버진 올리브 오일 **3** 테이블스푼
- 얇게 썬 스위스 갈색 버섯 **200g**
- 아침 식사 사이드(선택 가능)
- 토마토 또는 시든 시금치.

지도:
a) 냉동된 버즈 아이 콜리플라워 야채 밥을 냉장고에 넣어 해동하세요. 해동한 후 모슬린 천이나 고운 체를 사용하여 콜리플라워 쌀의 수분을 짜냅니다.

b) 중간 크기의 그릇에 콜리플라워 쌀, 달걀, 치즈, 밀가루, 파프리카, 오레가노를 섞습니다. 맛을 내기 위해 계절을 정하십시오. 혼합물을 **4 x 10cm** 패티로 만듭니다.

c) 들러붙지 않는 프라이팬에 기름 **1** 테이블스푼을 넣고 중간 불로 가열합니다. 팬케이크를 한 번에 하나씩 요리하세요. 혼합물의 **4** 분의 **1** 을 팬에 숟가락으로 넣고 주걱으로 눌러 **10cm, 1cm** 두께로 펴줍니다. 황금빛 갈색이 될 때까지 양면을 **2-3** 분간 조리합니다.

d) 필요한 경우 팬케이크를 요리하는 사이에 프라이팬에 기름을 더 추가하세요. 팬에서 팬케이크를 꺼내 흡수성 종이 위에 올려 따뜻하게 유지하세요.

e) 프라이팬을 깨끗이 닦고 남은 기름을 가열한 후 버섯을 넣어주세요. 황금색이 될 때까지 규칙적으로 저어주며 **4~5** 분간 조리합니다. 콜리플라워 팬케이크와 원하는 아침 식사 사이드를 버섯과 함께 제공하세요.

60.   야채밥& 버섯영양돌솥

4 인분

재료:
- 엑스트라 버진 올리브 오일 2 테이블스푼
- 반으로 자른 스위스 갈색 버섯 200g
- 소금간장 1 큰술
- 냉동 버즈아이 당근 콜리플라워 브로콜리 야채 쌀 500g 패킷
- 어린 시금치 잎 1 컵
- 얇게 썬 아보카도 1 개
- 잘게 썬 적양배추 2 컵, 구운 참깨 드레싱, 서빙용

지도:
a) 들러붙지 않는 프라이팬에 기름 1 테이블스푼을 넣고 중간 불로 가열합니다. 버섯을 추가하고 4~5 분 동안 또는 황금빛이 될 때까지 규칙적으로 저어주며 요리합니다. 간장을 넣고 저어 코팅합니다. 팬에서 꺼내어 따로 보관하고 따뜻하게 유지하세요.
b) 같은 프라이팬에 남은 기름을 추가합니다. 냉동 Birds Eye 야채 쌀을 추가하고 규칙적으로 저어주면서 6 분간 조리합니다.
c) 시금치를 저어주고 계속해서 2 분간 더 조리합니다.
d) 조리된 야채 밥, 버섯, 아보카도, 양배추를 그릇에 나누어 담습니다. 드레싱 위에 이슬비를 뿌리고 즉시 서빙하세요.

모렐스

61.   연어와 곰보버섯

재료:

- 세로로 자른 모렐 3 컵
- 대형 연어 살코기 4 개 (부분 크기, 8 온스 정도)
- 버터 3 테이블스푼
- 다진 마늘 3 쪽
- 화이트 와인 1 컵
- 레몬즙 2 테이블스푼
- 소금과 후추 맛

지도:

a) 큰 프라이팬에 버터를 넣고 중간 불로 녹입니다. 마늘을 넣고 1 분간 조리하세요. 다음으로 곰보버섯을 추가하고 갈색이 되기 시작할 때까지 요리하세요.

b) 와인을 붓고 거의 증발할 때까지 요리하면서 자주 저어줍니다. 완성되면 버섯을 그릇에 옮깁니다.

c) 빠르고 쉽게 요리할 수 있도록 생선을 구워보겠습니다. 브로일러 팬에 필레의 껍질 부분이 아래로 향하도록 놓고 레몬즙을 뿌립니다. 원한다면 각각의 위에 약간의 버터를 추가할 수 있습니다.

d) 완전히 익을 때까지 뒤집지 말고 굽습니다. 6 분 후에 확인하세요. 하지만 조금 더 시간이 걸릴 수도 있습니다.

e) 완료되면 브로일러에서 생선을 꺼내고 원하는 소금과 후추를 추가합니다. 각 필레 위에 곰보버섯을 고르게 숟니다.

f) 친구들에게 와인을 대접하여 당신이 얼마나 훌륭한 요리사인지 보여주세요.

62. 쩝뜨벗큄쒼

재료:

- 잘게 썬 신선한 곰보버섯 1 파운드
- 버터 2 테이블스푼
- 육수 1 컵
- 헤비 크림 1 컵
- 화이트 와인 1 컵
- 물 2 컵
- 대파 1 대, 잘게 썰어 흰 부분만 사용
- 감자 3 개
- 소금과 후추 맛

지도:

a) 수프 냄비에 물을 넣고 약하게 끓입니다. 끓으면 감자를 넣고 부드러워질 때까지 익혀주세요. 보통 20~30 분 정도 소요됩니다.

b) 큰 프라이팬에 버터를 넣고 중간 불로 녹입니다. 곰보버섯과 리크를 추가하고 곰보버섯이 갈색으로 변하기 시작할 때까지 요리합니다.

c) 와인을 붓고 거의 완전히 증발할 때까지 요리합니다. 그런 다음 스톡을 추가하고 자주 저어줍니다. 감자가 아직 익지 않았다면 불을 끄세요.

d) 감자가 부드러워지면 물을 조금 식힌 후 믹서기에 넣습니다. 부드러워질 때까지 섞은 다음 물을 포함하여 냄비에 다시 넣습니다.

e) 곰보버섯과 부추 혼합물을 감자에 넣고 끓입니다. 완전히 가열될 때까지 몇 분 동안 요리하세요.

f) 크림, 소금, 후추를 넣고 수프가 원하는 대로 따뜻해지고 걸쭉해질 때까지 저어줍니다.

63. 모렐 파스타

재료:

- 곰보버섯 1/2 파운드
- 버터 3 테이블스푼
- 다진 마늘 3 쪽
- 다진 작은 양파 1 개
- 잘게 썬 치즈 1 컵
- 8 온스 계란 국수

지도:

a) 물을 끓여 파스타를 원하는 정도로 삶아주세요. 나는 내 알단테를 더 좋아한다.

b) 파스타가 요리되는 동안 프라이팬에 버터를 넣고 중간 불로 녹입니다. 마늘, 양파, 곰보버섯을 추가합니다. 버섯에서 액체가 대부분 나오고 약간 갈색이 될 때까지 요리합니다.

c) 팬이 꽉 차 있으니 자주 저어주세요. 파스타가 익기 전에 버섯/양파 혼합물이 완성되면 불을 약하게 낮추세요.

d) 버섯이 요리되는 동안 파스타를 확인하는 것을 잊지 마세요. 완료되면 물기를 빼고 다른 재료와 함께 프라이팬에 넣고 모두 섞습니다.

e) 잘게 썬 치즈로 모든 것을 덮고 녹을 때까지 요리하세요.

64.　　　　쉰 닭고기와 곰취버섯

재료:

- 세로로 자른 모렐 3 컵
- 뼈와 껍질이 없는 닭가슴살 4 개
- 버터 4 테이블스푼
- 치킨 스톡 1/2 컵
- 헤비 크림 1/2 컵
- 레몬즙 2 테이블스푼
- 밀가루 1/2 컵
- 다진 샬롯 3 개
- 다진 마늘 3 쪽
- 소금과 후추 맛

지도:

a) 오븐을 300 도로 예열하세요.

b) 큰 프라이팬에 버터 2 테이블스푼을 넣고 중간 불로 녹입니다. 녹는 동안 닭가슴살에 밀가루를 뿌려주세요.

c) 프라이팬에 닭고기를 넣고 뒤집어서 양면이 살짝 갈색이 될 때까지 굽습니다. 아마도 8~10 분 정도 걸릴 것입니다.

d) 프라이팬에서 닭고기를 꺼내 캐서롤 팬에 넣습니다. 오븐이 준비되면 팬을 올리고 닭고기가 완전히 익을 때까지 굽습니다.

e) 닭고기가 요리되는 동안 프라이팬에 나머지 버터 2 테이블스푼을 넣고 중간 불로 녹입니다. 곰보버섯, 샬롯, 마늘을 추가합니다. 자주 저어주면서 3 분간 조리합니다.

f) 닭고기 스톡을 붓고 반으로 줄어들 때까지 요리합니다.

g) 크림, 레몬즙, 소금, 후추를 추가합니다. 액체가 원하는 농도의 소스로 줄어들 때까지 요리합니다.

h) 곰보버섯이 요리되는 동안 닭고기를 계속 확인하세요. 둘 다 완료되면 불을 끄고 소스를 닭고기 위에 뿌립니다.

65.   게 속을 채운 곰보버섯

재료:

- 세로로 반으로 자른 공보버섯 12 개
- 게살 1 컵
- 버터 2 테이블스푼
- 계란 1 개, 풀어서 준비
- 다진 마늘 2 쪽
- 라이트 마요네즈 2 테이블스푼
- 마른 빵가루 2 테이블스푼
- 소금과 후추 맛
- 오븐을 375 도로 예열하세요.

지도:

a) 큰 그릇에 게살, 마요네즈, 계란, 마늘, 빵가루, 소금, 후추를 넣고 섞습니다. 재료를 잘 섞으세요.

b) 베이킹 접시 바닥에 달라붙지 않는 쿠킹 스프레이를 뿌리세요. 프라이팬에 버터를 녹인 후 베이킹 접시 바닥에 펴 바릅니다. 공보버섯의 빈 부분이 위로 향하도록 접시 바닥에 놓습니다.

c) 각 공보를 채우십시오. 오븐에 넣고 버섯이 황금빛 갈색이 될 때까지 약 8~15 분간 조리합니다.

d) 즉시 봉사하십시오.

66.   스크블 모렐 계란

재료:

- 세로로 자른 모렐 1/2 파운드
- 우유 1/4 컵
- 버터 3 테이블스푼
- 다진 파 3 개
- 달걀 1/2 다스, 풀어서 준비

지도:

a) 큰 프라이팬에 버터를 녹이고 곰보버섯과 파를 넣습니다. 곰보버섯이 갈색으로 변하기 시작할 때까지 요리하세요.

b) 버섯이 요리되는 동안 달걀과 우유를 한 그릇에 담아 섞습니다.

c) 풀어놓은 계란 혼합물을 버섯과 함께 프라이팬에 붓습니다. 달걀이 원하는 대로 익을 때까지 스크램블하세요.

재료:

- 세로로 자른 신선한 곰보버섯 1/2 파운드
- 버터 2 테이블스푼
- 1 인치 조각으로 자른 아스파라거스 2 단
- 다진 샬롯 1 개
- 다진 마늘 2 쪽

지도:

a) 중간 불로 프라이팬에 버터를 녹입니다. 샬롯 조각, 마늘, 곰보버섯, 아스파라거스를 추가합니다.

b) 곰보버섯이 갈색이 되고 아스파라거스가 부드러워질 때까지 보통 8~10 분간 조리합니다.

68.

재료:

- 전체 중간 곰보버섯이 많으며 최소 **12~16** 개입니다. 자르지 마세요.
- 버터 **1** 테이블스푼
- 올리브 오일 **2** 테이블스푼
- 시금치 **1/2** 파운드(**8** 온스), 최대한 잘게 썬 것
- 리코타 치즈 **1** 컵
- 잘게 썬 스위스 치즈 **1** 컵
- 잘게 썬 잣이나 호두 **2** 테이블스푼
- 잘게 다진 파 **4** 개
- 다진 마늘 **2** 쪽
- 육두구 **1/2** 티스푼
- 소금과 후추 맛

지도:

a) 오븐을 **375** 도로 예열하세요.

b) 먼저 속재료를 만들어 보겠습니다. 프라이팬에 중간 불로 버터를 녹입니다. 파와 마늘을 **5** 분간 볶은 후 불을 끄고 식혀주세요.

c) 큰 그릇에 모든 치즈, 시금치, 견과류, 소금, 후추, 마늘, 파, 육두구를 섞습니다. 잘 섞다.

d) 버섯 밑부분에 구멍을 남겨두고 튀어나온 줄기를 잘라내어 준비하세요.

e) 베이킹 팬에 들러붙지 않는 쿠킹 스프레이를 뿌립니다. 각 곰팡이를 조심스럽게 채우고 약간의 올리브 오일을 바르고 팬에 넣으십시오. 버섯이 황금빛 갈색이 될 때까지 보통 **10~20** 분간 조리합니다.

f) 즉시 봉사하십시오. 오래 가지 못할 것입니다!

69.   말류가물간모델

재료:

- 모렐 한 묶음(슬라이스)
- 밀가루 1/2 컵 (또는 그 이상)
- 버터나 마가린 4 큰술
- 소금
- 후추

지도:

a) 모렐을 밀가루로 코팅합니다(밀가루가 들어 있는 갤런 지퍼락 백에 넣거나 밀가루로 덮인 접시를 사용).

b) 프라이팬에 버터/마가린을 넣고 중불로 녹입니다. (과열하지 마세요!!!!)

c) 버터/마가린에 버섯을 살짝 볶습니다. 필요할 때 돌립니다.

d) 프라이팬에서 꺼내 소금과 후추로 맛을 냅니다.

70. 팬 프라이드 모렐

재료:

- 거친 모렐 버섯
- 유기농 밀가루 2 컵
- 카이엔 고추 가루 $\frac{1}{4}$ 티스푼
- 양파 가루 $\frac{1}{4}$ 티스푼
- 소금물용 바다소금 듬뿍
- 계란 2 개
- 우유 $\frac{1}{2}$ 컵
- 스틱 버터 또는 버터 기름 1 개

지도:

a) 먼저 물과 소금을 사용하여 시원한 소금물 욕조에서 곰팡이를 소금물에 담그십시오.

b) 그릇에 계란과 우유를 섞으세요.

c) 그릇에 밀가루와 향신료를 섞으세요.

d) 팬에 버터(또는 원하는 튀김용 기름)를 넣고 중불/약불로 녹입니다.

71.   배에담긴모렐

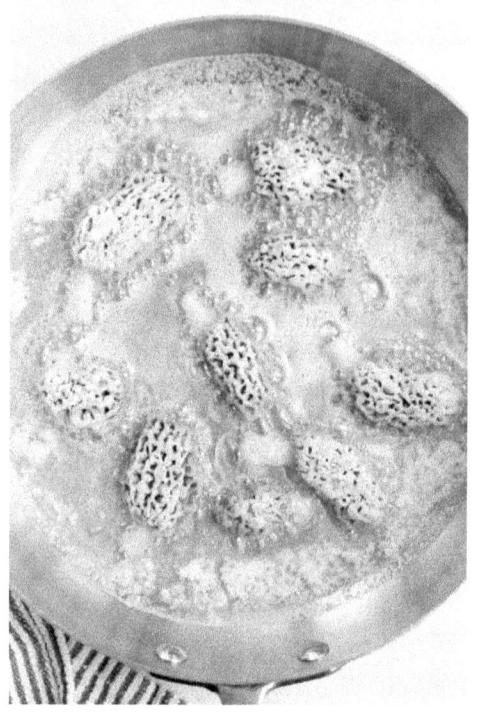

재료:
- 곰보버섯
- 쌀가루
- 밀가루
- 버터 4 개
- 소금
- 후추

지도:
a) 곰보버섯에 쌀가루를 뿌린 후 버터에 볶습니다.
b) 즐기다.

72.　　　모릴버섯쏘

4 인분

재료:

- 4 뼈 없는 닭 가슴살 대용으로 버터 플라이 월아이 피시, 꿩 가슴살 또는 송아지 커틀릿을 곁들임
- 버터 3 큰술 (대체 불가)
- 모렐 3 컵(1 인치 길이로 썬 것)
- 말린 파슬리 $\frac{1}{2}$ 큰술
- 후추 $\frac{1}{4}$ 티스푼
- 파 $\frac{1}{4}$ 컵(얇게 썬 것)
- 드라이 화이트 와인 $\frac{1}{2}$ 컵
- 휘핑크림 2 컵
- 소금 1 티스푼
- 디종 머스타드 $\frac{1}{2}$ 티스푼

지도:

a) 뼈 없는 닭가슴살을 뜨거운 버터 몇 스푼에 익힐 때까지 볶습니다. 소스가 완성될 때까지 따뜻하게 유지하세요.

b) 12 인치 논스틱 프라이팬에 3 큰술을 데우세요. 버터(대체 없음)를 중간 정도 위에 올려 거품이 생길 때까지 센 불로 끓입니다.

c) 작은 회색 곰보버섯 3 컵을 추가하세요. 더 큰 곰보버섯의 경우 길이가 1 인치 이하인 조각으로 자릅니다.

d) 가끔씩 저어주면서 15-20 분 동안 볶습니다. 살짝 바삭해질 때까지.

e) 얇게 썬 대파 1/4C, 1/2 큰술을 추가합니다. 말린 파슬리, 육두구 1/4 티스푼, 후추 1/4 티스푼, 소금 1 티스푼을 넣고 몇 분간 조리합니다.

f) 불을 더 높게 켜고 드라이 화이트 와인 1/2C 를 추가하고 거의 유약이 될 때까지 줄입니다.

g) 열을 약으로 바꾸십시오. 휘핑 크림 2C 와 디종 머스타드 1/2 티스푼을 추가합니다.

h) 걸쭉해질 때까지 천천히 끓여서 약간 줄입니다. 약 10-12 분 정도 소요됩니다.

i) 접시에 담고 닭고기 위에 소스를 얹습니다.

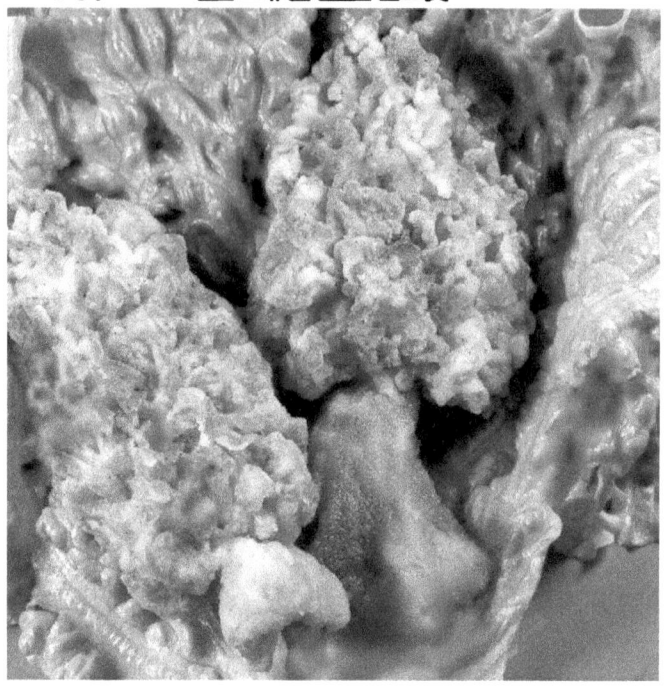

73

재료:

- 세로로 자른 신선한 모렐
- ⅓ 식용유
- 1 상자 솔틴 크래커
- 계란 3 개
- 소금
- 후추 1 티스푼
- 파프리카 1 티스푼
- 양념 1 큰술
- 밀가루 1 컵
- ⅓ 컵 물

지도:

a) 버섯은 가볍게 씻어 세로로 반으로 썰어주세요. 소금물에 미리 담가두세요. (바람직하게는 밤새). 이는 "소화" 문제를 방지하기 위해 산을 중화하는 데 도움이 됩니다.

b) 10 인치 주철 프라이팬에 식용유 1/3 인치를 넣고 중간 정도 센 불로 예열하세요.

c) 익힌 버섯의 기름기를 빼기 위해 종이 타월을 준비합니다.

d) 큰 소쿠리에 버섯을 잘 헹구고 물기를 뺍니다.

e) 1 갤런 지퍼백에 Saltine 크래커 내부 포장(2 개)을 비우세요. 밀방망이로 으깨어 미세한 농도가 되도록 으깨세요.

f) 밀가루 1C, 맛소금 1/2 큰술, 후추와 파프리카 각각 1 작은술을 넣어줍니다. 함께 흔들어서 얕은 팬이나 캐서롤 그릇에 넣으세요.

g) 작은 그릇에 계란 3 개를 풀어주세요.

h) 물, 후추를 넣고 잘 섞는다.

i) 한 손으로 버섯을 계란물에 담가서 남은 부분이 떨어지도록 합니다. 크래커 믹스에 넣습니다.

j) 다른 한편으로는 즉시 크래커 믹스를 더 많이 던져서 버섯 전체를 덮습니다. 팬에 타는 것을 방지하기 위해 초과분을 털어 내십시오.

k) 요리

l) 가열된 기름에 넣으세요... 쪼개진 면이 아래로 향하게 하세요. 팬이 가득 찰 때까지 계속합니다.

m) 살짝 황금빛이 될 때까지 요리하세요. 집게로 뒤집어 반대쪽도 황금빛 갈색이 될 때까지 굽습니다. 밑면에 남은 기름이 더 잘 배출될 수 있도록 잠시 다시 뒤집어주세요.

n) 종이 타월 위에 올려놓고... 면을 아래로 쪼개세요. 가볍게 소금을 뿌릴 수 있지만 반드시 그럴 필요는 없습니다. 버섯맛을 묻어두고 싶지는 않은데... 먼저 맛을 테스트해 보는 것이 좋습니다.

o) 모든 버섯이 익을 때까지 계속하세요... 열성적인 소비자를 막아야 할 수도 있습니다.

74

재료:

- 중간 크기의 모렐 15-20 개를 씻어서 반으로 줄였습니다.
- 빵가루 1 컵
- 으깬 후추 1 큰술
- 으깬 바다소금 1 큰술
- 잘게 간 파마산 치즈 3 큰술
- 두꺼운 슬라이스 미디엄 체다치즈 3-4 장
- 계란물용 계란 1 개
- 버터 4 개

지도:

a) 얕은 그릇에 모든 건조 재료를 섞습니다. (빵가루, 파마산 치즈, 소금, 후추)
b) 작은 프라이팬에 건강한 양의 버터를 데워주세요.
c) 계란을 치고 별도의 얕은 그릇에 담습니다.
d) 요리
e) 버섯을 달걀물에 담그고 빵가루 혼합물에 준설한 후 즉시 뜨거운 버터에 넣습니다. 바삭한 황금빛 갈색이 될 때까지 볶습니다.
f) 프라이팬에서 꺼내어 작은 쿠키 시트에 버섯을 배열하고 각각의 중앙에 1/4 인치 체다 치즈 조각을 놓습니다.
g) 375°로 예열된 오븐에 넣고 치즈가 녹을 때까지 약 4~6 분간 굽습니다.
h) 제거하고 식힌 후 즐기세요.

75.   판에 튀긴 모렐

재료:

- 모렐 한 묶음을 반으로 자르고, 깨끗이 씻어서 담근다
- 옥수수가루 2 컵
- $\frac{1}{4}$ 우유
- 시골 계란 1 개
- 베이컨 기름 1 컵
- 흑후추 1 큰술

지도:

a) 넓고 얕은 그릇에: 컨트리 계란 1 개와 1/4c 를 섞습니다. 우유

b) 두꺼운 종이봉투에: 2c 를 추가합니다. 옥수수 가루 1t. 검은 후추가 섞여있습니다.

c) 잘 양념된 주철 프라이팬에 베이컨 기름을 1 인치 깊이로 녹입니다.

d) 건강하고 뜨겁게 지내되 담배는 피우지 마십시오.

e) 이제 버섯을 우유와 계란 혼합물에 담그고 기름이 가열되는 동안 잠시 담가 두십시오.

f) 그릇에서 한 줌을 골라 조금 흔들어 여분의 액체를 제거한 다음 옥수수 가루 봉지에 넣으세요.

g) 부서지지 않도록 가방 바닥을 손으로 잡고 가볍게 흔드세요.

h) 추가할 때마다 부드럽게 흔들어 버섯을 더 추가합니다.

i) 모두 잘 코팅되면 뜨거운 프라이팬에 한 겹으로 쌓기 시작합니다.

j) 한 번만 뒤집어 주면 코팅이 더 잘 유지됩니다.

포르치니 버섯

76. 포지로 굽는 스테이크

2 인분
재료:

- 설탕 2 큰술
- 소금 1 큰술
- 잘게 다진 마늘 5 쪽
- 매운 고춧가루 1 큰술
- 흑후추 1 큰술
- 잘게 다진 건조 포르치니 버섯 30g
- 올리브 오일 60ml, 이슬비용 추가 오일
- 4cm 두께로 자른 600-800g 립아이 스테이크 1 개
- 발사믹 식초, 이슬비용

지도:

a) 작은 그릇에 설탕, 소금, 마늘, 고춧가루, 후추, 버섯 가루, 올리브 오일을 섞은 다음 잘 저어 걸쭉하고 상당히 건조한 페이스트를 만듭니다. 페이스트를 스테이크 전체에 문질러 고르게 코팅합니다. 접착 필름으로 싸서 12 시간 또는 밤새 식혀줍니다.

b) 철판 팬을 가열합니다. 스테이크를 냉장고에서 꺼내어 남은 매리네이드를 털어냅니다. 중간 정도의 센 불로 20~25 분 동안 요리하고 6 분마다 뒤집어 미디엄 레어로 만듭니다.

c) 스테이크를 10 분 동안 방치한 다음 결 반대 방향으로 자릅니다. 올리브 오일과 발사믹 식초를 뿌려서 드세요.

77.   간장버섯

4~6 인분

재료:

- 우유 400ml
- 버터 50g
- 옥수수 가루 또는 노란색 폴렌타 50g
- 크렘 프레슈 40g
- 갈은 파마산 치즈 75g, 추가로 제공할 분량
- 소금과 후추
- 돼지고기 또는 멧돼지 소시지 4~6 개

간장 버섯의 경우

- 식물성 기름 50ml
- 잘게 썬 작은 양파 1 개
- 다진 마늘 2 쪽
- 혼합야생버섯 400g
- 간장 60ml
- 물 60ml
- 잘게 썬 파 3 개
- 다진 납작한 파슬리 4 큰술

지도:

a) 밀가루를 만들려면 중간 크기의 냄비에 우유와 버터를 넣고 끓입니다.

b) 밀가루나 폴렌타를 추가하고 계속 저어주면서 3 분간 조리합니다. 불을 끄고 조금 식혀주세요.

c) 생크림과 파마산 치즈를 넣고 섞은 후 양념을 하고 뚜껑을 덮어 따뜻하게 유지하세요.

78.   버섯 칼쪠

2 인분

재료:

피자 반죽의 경우

- 미지근한 물 115ml
- 패스트 액션 건조 효모 1 티스푼
- 강력분 200g
- 소금 ½ 티스푼

충전을 위해

- 버팔로 모짜렐라 200g, 물기를 제거하고 깍둑썰기
- 엑스트라 버진 올리브 오일
- 잘게 다진 마늘 1 쪽
- 말린 고추가루 1 작은술(선택사항)
- 혼합 버섯 225g 을 손질하고 껍질을 벗겨 1cm 크기로 깍둑썰기합니다.
- 소금과 후추
- 레몬 타임 잎 ½ 큰술
- 잘게 다진 파마산 치즈 3 큰술

지도:

a) 반죽을 만들려면 작은 그릇에 미지근한 물 2 큰술을 넣어주세요. 물 위에 이스트를 뿌리고 손가락으로 가볍게 섞으세요. 큰 믹싱볼에 밀가루를 계량합니다. 이스트가 녹고 거품이 생기면 잘 섞으세요.

b) 밀가루 1 큰술을 넣고 매끄러운 반죽이 될 때까지 저어줍니다. 30 분 동안 발효되도록 둡니다. 부풀어 오르고 부피가 두 배로 늘어납니다.

c) 남은 밀가루에 소금을 섞는다. 효모 혼합물을 붓습니다. 빈 이스트 그릇에 미지근한 물 115ml 를 넣고 섞습니다. 손을 사용하여 반죽이 형성될 때까지 섞은 다음 깨끗한 표면에 놓으십시오. 10 분간 반죽하세요.

d) 반죽이 부드럽고 탄력있게 되면 두 개의 동일한 공으로 나눕니다. 밀가루를 뿌린 베이킹 트레이에 놓고 깨끗한 티 타월로 덮습니다. 따뜻하고 바람이 없는 곳에 2 시간 동안 두거나 크기가 두 배로 부풀 때까지 놓아두세요.

e) 오븐 중앙에 베이킹 트레이를 놓고 230C/450C/가스 마크 8 로 예열하세요.

f) 모짜렐라의 물기를 빼고 두드려 말립니다. 1cm 크기로 자르고 소쿠리에 담습니다. 살짝 눌러 과도한 수분을 배출하세요.

g) 프라이팬을 중간 정도 높은 불에 올려 놓습니다. 올리브 오일 **3** 큰술을 추가하고 마늘과 고추를 사용하는 경우 추가합니다. 지글지글 끓기 시작하면 잘게 썬 버섯을 넣어주세요.

h) 양념을 하고 **3** 분 동안 또는 액체가 대부분 나올 때까지 빠르게 볶습니다. 레몬 타임을 섞어 그릇에 담습니다. 식힌 후 파마산 치즈를 섞는다.

i) 피자 반죽을 지름 **20cm** 정도의 원판 두 개로 밀어주세요. 튀어나온 가장자리를 덮지 않도록 주의하면서 반죽의 각 디스크의 절반에 버섯을 펴 바릅니다.

j) 큐브 모양의 모짜렐라 치즈를 버섯 위에 뿌립니다. 덮지 않은 반죽의 절반을 충전물 위에 접습니다. 즙이 빠져나가지 않도록 가장자리를 압착해 주세요.

k) **10** 분간 굽거나 칼조네가 부풀어올라 바삭바삭하고 황금색으로 변할 때까지 굽습니다. 서빙하기 전에 약간의 올리브 오일을 바르십시오.

79.   비그레의 아스파라거스와 곰보버섯

산출량: **4** 인분

재료:

- 아스파라거스 창 **32** 개
- $\frac{1}{2}$ 파운드 신선한 곰보버섯: 반으로 자르고, 청소하고, 손질합니다.
- $\frac{1}{4}$ 온스 말린 포르치니 버섯
- 치킨 스톡 또는 물 **1** 컵
- 발사믹 식초 $\frac{1}{4}$ 컵

지도:

a) 아스파라거스는 손질하여 부드러워질 때까지 데친 후 찬물에 담가서 요리를 중지합니다. 배수하고 예약하십시오. 포르치니를 육수나 물에 담그세요. 끓여서 양을 $\frac{1}{4}$ 컵으로 줄이세요. 부담. 블렌더에 발사믹 식초와 버섯을 담근 물을 섞습니다.

b) 베이스에 오일을 유화시키고 소금과 후추로 간을 합니다. 아스파라거스를 **1** 분간 쪄서 다시 데워서 따뜻한 접시에 담습니다.

c) 주스가 나올 때까지 버터에 모렐을 볶습니다. 불을 높이고 **2~3** 분간 볶습니다. 곰보버섯을 넣으세요 $\frac{2}{3}$ 비네그레트의. 창을 나누어 각 창 주위에 약간의 비네그레트를 뿌립니다.

80

산출량: 3 인분

재료:
- 무염버터 1 테이블스푼
- 올리브 오일 1 테이블스푼
- 3 개의 스페인 양파: 얇게 썬
- 설탕 1 티스푼
- 올리브 오일 3 테이블스푼
- 1 파운드 모듬 야생 버섯(포르토벨로, 표고 살구 버섯, 포르치니)
- 소금과 갓 갈은 후추
- 신선한 모짜렐라 $\frac{1}{2}$ 컵
- 부서진 블루치즈 1 컵
- 플랫브레드 1 개

지도:

a) 중간 크기 팬에 버터와 올리브 오일을 데우세요. 양파와 설탕을 넣고 부드러워지고 캐러멜화될 때까지 천천히 요리합니다. 큰 소테 팬에 올리브 오일을 넣고 센 불로 가열합니다. 버섯을 넣고 황금빛 갈색이 될 때까지 볶은 후 익힙니다.

b) 소금과 후추로 맛을 낸다. 그릴을 예열하세요. 반죽을 편평하게 펴고 올리브 오일을 넉넉히 바르고 그릴에 올려 놓습니다.

c) 한쪽 면을 황금빛 갈색이 될 때까지 굽고 뒤집어서 모짜렐라, 양파, 버섯, 블루치즈를 얹습니다.

밤나무 버섯

81

베이컨 부추 빵푸딩

8-10 인분

재료:

- 껍질을 제거한 큐브빵 400g
- 올리브 오일 2 큰술
- 무염버터 1 큰술
- 잘게 다진 판체타 50g
- 리크 4 개, 흰색 및 녹색 부분을 잘게 썬 것
- 얇게 썬 밤나무 버섯 1.2kg
- 잘게 썬 신선한 타라곤 잎 1 테이블스푼
- 미디엄 또는 드라이 셰리 30ml
- 소금과 후추
- 잘게 썬 납작한 파슬리 한 줌
- 큰 계란 4 개
- 더블크림 600ml
- 치킨 스톡 250ml
- 갈은 그뤼에르 170g

지도:

a) 오븐을 180C/350F/가스 표시로 예열하세요. 4. 베이킹 시트에 빵을 펴고 살짝 갈색이 될 때까지 20 분간 굽습니다. 따로.

b) 오일과 버터를 중간 불로 가열합니다. 판체타를 넣고 5 분간 볶은 후 리크를 넣고 부드러워질 때까지 조리합니다. 버섯, 타라곤, 셰리주, 소금 1 테이블스푼, 후추 1½ 티스푼을 추가하고 액체가 대부분 증발할 때까지 가끔 저어주면서 10-12 분 동안 조리합니다. 불을 끄고 파슬리를 넣고 섞습니다.

c) 큰 믹싱볼에 계란, 크림, 치킨 스톡, ⅔ 그뤼에르의. 빵과 버섯 믹스를 넣고 잘 저어줍니다. 30 분 동안 따로 놓아두세요.

d) 잘 저어준 후 큰 베이킹 접시에 붓습니다. 남은 그뤼에르를 뿌리고 윗부분이 갈색이 될 때까지 45~50 분 동안 굽습니다.

e) 뜨겁게 서빙하세요.

82.   밤과 야생버섯

신출량: 4 인분

재료:
- 올리브 오일 2 테이블스푼
- 잘게 썬 마늘 1 쪽
- 손질하고 얇게 썬 표고버섯 8 온스
- 물에 담가서 물기를 뺀 통조림 밤 15 온스
- 소금과 갓 갈은 후추

지도

a) 프라이팬에 올리브 오일을 두르고 천천히 마늘이 갈색이 될 때까지 기다립니다. 표고버섯이 부드러워질 때까지 볶습니다(필요하다면 타지 않도록 물 한 스푼을 추가합니다).

b) 밤을 넣고 볶다가 다시 데우고 소금과 후춧가루를 듬뿍 넣어 양념을 잘 해주세요

c) 신출량: 4~6 인분

83. 로만벗

4 인분

재료:

- 말린 고추 2~4 개
- 식물성 기름 6 큰술
- 정향 4 개
- 그린 카다몬 꼬투리 6 개
- 블랙 카다몬 꼬투리 2 개
- 5cm 계피 스틱
- 메이스 블레이드 1 개
- 검은 후추 열매 10 개
- 잘게 다진 작은 양파 2 개
- 4 등분한 큰 토마토 2 개
- 요구르트 2 큰술
- 껍질을 벗긴 마늘 5 쪽
- 껍질을 벗긴 뿌리 생강 20g
- 고수 가루 2 티스푼
- 커민 가루 $\frac{1}{4}$ 티스푼
- $\frac{1}{3}$ 심황 작은술
- 가람 마살라 $\frac{1}{4}$ 티스푼 또는 입맛에 맞게
- 소금, 맛보기
- 무염버터 30g
- 표고버섯, 밤, 굴 등 각종 버섯 500g
- 다진 고수 잎 한 줌

지도:

a) 마른 고추를 마른 팬에 넣고 살짝 어두워질 때까지 자주 흔들어 볶습니다. 반으로 갈라 씨를 털어낸 후 가루로 빻아줍니다. 달라붙지 않는 큰 냄비에 기름 4 큰술을 넣고 가열합니다.

b) 모든 양념을 넣고 10 초간 볶습니다. 양파를 넣고 가장자리가 잘 갈색이 될 때까지 요리합니다.

c) 그 사이에 토마토, 요거트, 마늘, 생강을 부드러워질 때까지 섞습니다. 갈은 향신료와 약간의 소금으로 양파에 추가하십시오.

d) 마살라가 완전히 줄어들고 기름 방울이 팬에 다시 나올 때까지 가끔씩 저어주며 요리합니다. 4~5 분 동안 센 불로 자주 저으면서 계속 요리하세요. 물 350ml 를 넣고 끓기 시작하면 3~4 분간 끓인 후 따뜻하게 유지하세요.

e) 큰 프라이팬에 기름 1 큰술과 버터 반을 넣고 가열합니다. 버섯의 절반을 추가하고 소금 한 꼬집을 뿌린 다음 가장자리가 캐러멜화될 때까지 5 분간 볶습니다. 남은 기름, 버터, 버섯을 넣고 반복합니다. 소스에 붓고 잘 섞은 후 양념을 조절하세요.

f) 필요한 경우 약간의 물을 추가합니다. 소스는 걸쭉하지만 너무 달라붙지 않아야 합니다. 3~4 분 정도 끓인 후 고수를 뿌려서 드세요.

크레미니

24 개 만든다

재료:

크로스티니

- 대각선으로 24 조각으로 자른 16 온스 바게트
- 필요에 따라 올리브 오일 2 테이블스푼 이상
- 껍질을 벗겨 반으로 자른 큰 마늘 1 쪽

버섯

- 올리브 오일 1 테이블스푼
- 껍질을 벗겨 다진 큰 샬롯 1 개
- 깨끗하게 닦아서 얇게 썬 작은 크리미니 버섯 3/4 파운드
- 다진 신선한 로즈마리 2 테이블스푼
- 다진 신선한 세이지 2 테이블스푼
- 선택적으로 장식용 로즈마리 장식

지도:

a) 크로스티니 만들기: 브로일러를 예열하세요. 바게트 조각을 브로일러 팬에 놓습니다.

b) 각 조각에 약간의 올리브 오일을 바르고 마늘의 자른 면을 문지릅니다. 브로일러 아래에 놓고 약간 갈색이 되고 바삭해질 때까지 굽습니다.

c) 브로일러에서 꺼내어 따로 보관해 식힙니다.

85. 코아와 당근 마리네드

10 인분

재료:

- 크리미니 버섯 8 온스
- 물 1 컵
- 소금 1/2 티스푼
- 8 온스의 작은 당근, 윗부분을 손질하고 깨끗하게 문지릅니다.
- 반으로 자른 아티초크 12 온스
- 드레싱:
- 올리브 오일 1/4 컵
- 발사믹 식초 1/4 컵
- 신선한 딜 2 티스푼
- 소금 1/4 티스푼
- 후추 1/4 티스푼
- 잘게 썬 구운 붉은 고추 1/2 컵

지도

a) 큰 소스 팬에 버섯, 물, 소금 1/2 티스푼을 섞습니다. 끓여서 열을 줄이십시오. 뚜껑을 덮고 몇 분 동안 끓입니다. 당근을 넣고 다시 끓입니다. 불을 줄이고 뚜껑을 덮어 2 분간 더 조리하세요. 야채의 물기를 빼고 식힌 다음 아티초크 하트와 결합합니다.

b) 믹서기나 병에 올리브 오일, 식초, 딜, 소금, 후추를 넣고 잘 흔듭니다. 야채 위에 붓고 코팅하세요. 식을 때까지 최대 2 일 동안 식히세요. 서빙하기 전에 실온에 꺼내십시오. 붉은 고추 조각과 딜로 장식합니다.

86.

4 인분

재료:

- 올리브 오일 2 큰술
- 얇게 썬 크리미니 버섯 1 파운드
- 오르조 파스타 1-1/4 컵(8 온스)
- 1 캔 14-1/2 온스' 이탈리아식 스튜 토마토
- 1 캔 13-3/4 온스의 닭고기 국물
- 부서진 바질과 토마토 맛 페타 치즈 1/4 컵

지도:

a) 큰 프라이팬에 기름을 넣고 뜨거워질 때까지 가열합니다. 버섯을 추가하고 부드러워지고 육즙이 나올 때까지 요리합니다. 오르조, 토마토, 닭고기 국물, 물 1/2 컵을 넣고 저어주세요.

b) 오르조가 부드러워지고 대부분의 액체가 흡수될 때까지 가끔 저으면서 뚜껑을 덮고 끓입니다. 페타 치즈를 넣고 저어주세요.

87. 뺏 슈토렐

6 인분

재료:

- 다진 샬롯 2 개
- 화이트 와인 1/2 컵
- 8 온스 크리미니, 슬라이스
- 8 온스 표고버섯, 얇게 썬 것
- 헤비 크림 1 1/2 컵
- 신선한 백리향 1/2 티스푼
- 소금과 후추 맛
- 계란 1 개, 풀어서 준비
- 4 인치 퍼프 페이스트리 정사각형 12 개

지도:

a) 와인이 증발할 때까지 와인에 버섯과 샬롯을 넣고 요리하세요. 크림, 백리향, 소금, 후추를 추가합니다.

b) 반으로 줄인 후 몇 시간 동안 또는 크림이 굳을 때까지 식혀주세요. 버섯 혼합물 1 티스푼을 페이스트리에 넣고 접은 다음 계란물을 바르세요.

c) 오븐에서 약 8-12 분 동안 또는 황금빛 갈색이 될 때까지 굽습니다. 남은 버섯 혼합물을 가열하고 슈트루델과 함께 제공합니다.

88.   버섯크림숩

2 인분

재료:

- 버터 2 큰술
- 크리미니 버섯 1 개(6 온스 패키지)
- 중간~대형 다진 샬롯 2 개
- 헝가리 파프리카 1/4 티스푼
- 밀가루 1 큰술
- 닭육수 1 컵
- 부서진 건조 백리향 1/2 티스푼
- 휘핑 크림 1/4 컵
- 사워 크림 또는 라이트 사워 크림 2 큰술

지도:

a) 버터, 샬롯을 녹이고 갈색이 되고 부드러워질 때까지 중간 불에서 **5~10** 분간 볶습니다. 버섯은 액체를 방출해야하며 증발하면 파프리카를 저어줍니다.

b) 밀가루를 추가하고 부드러워지고 걸쭉해질 때까지 섞이도록 저어줍니다. 타임을 넣고 **10** 분간 끓입니다. 크림과 사워 크림을 저어주세요.

재료:

- 3 파운드 크리미니 버섯
- 16 온스 1 팩 허브 채우기
- 3/4 파운드 샤프 치즈, 갈은 것
- 1 1/4 컵 반반

지도:

a) 버섯을 썰어서 살짝 데쳐주세요.

b) **9x13** 인치 팬에 기름을 바릅니다. 버섯, 치즈, 속 재료로 시작하여 속 재료로 끝나는 과정을 반복합니다.

c) 버터를 바르지 마십시오. 굽기 전에 캐서롤 위에 반씩 부어주세요. **350** 도에서 **30** 분간 굽습니다.

90.   버섯과 소를 곁들인 링귀니

재료:

- 8 온스 익히지 않은 링귀니
- 올리브 오일 2 큰술
- 얇게 썬 양파 1 컵
- 1 파운드 신선한 크리미니 버섯
- 다진마늘 1 작은술
- 물기를 빼고 다진 구운 붉은 피망 1 병(7 온스)
- 소금 1/4 티스푼
- 후추 1/8 티스푼
- 크루통 1 1/2 컵(시저 또는 이탈리안 맛)
- 파마산 치즈 1/3 컵

지도:

a) 완성될 때까지 국수를 요리하세요. 1/2 컵의 액체를 배출하고 저장하십시오. 파스타를 큰 서빙 그릇에 담습니다. 중간 크기의 큰 프라이팬에 올리브 오일을 뜨거워질 때까지 가열합니다.

b) 양파를 넣고 약간 부드러워질 때까지 요리합니다. 버섯을 추가하고 부드러워질 때까지 요리합니다(약 5 분).

c) 후추, 소금, 후추를 넣어 맛을 냅니다. 나머지 물을 추가하고 링귀니 위에 부어주세요. 크루통, 치즈를 넣고 저어주세요.

91.   버섯 스튜 파스타

4 인분

재료:

- 엑스트라 버진 올리브 오일 3 테이블스푼(45ml)
- 얇게 썬 샬롯 또는 적양파 ½ 컵, 대형 1 개 또는 중형 2 개 정도
- 코셔 소금
- 두툼한 조각으로 자른 흰양송이 275g(10 온스)
- 얇게 썬 포토벨로 버섯 뚜껑 225g(8 온스)
- 잘게 다진 마늘 2 쪽
- 으깬 붉은 고추 ½ 티스푼
- 갓 갈아서 맛을 낸 후추
- 말린 파파르델레 또는 페투치니 국수 225g(8 온스) 또는 생 파스타 1 파운드
- 로제 와인 또는 드라이 화이트 와인 60ml(¼ 컵)
- 버터 3 테이블스푼(45g)
- 갈은 파마산 치즈 ¼ 컵
- 어린 시금치 잎 150g(5 온스)

지도:

a) 큰 냄비에 소금물을 넣고 끓입니다.

b) 대형(12 인치) 팬을 중간 불에 올려 놓습니다. 올리브 오일과 샬롯을 팬에 넣고 코셔 소금 ½ 티스푼을 추가합니다. 샬롯이 부드러워질 때까지 자주 저어주며 약 5 분간 조리합니다.

c) 팬에 버섯을 한 층에 추가합니다. 5 분 동안 방해 없이 요리한 다음 소금 ½ 티스푼을 뿌리고 샬롯과 함께 저어줍니다. 마늘, 칠리, 후추를 넣고 5 분간 더 조리하거나 부드러워지고 육즙이 나올 때까지 계속 조리합니다.

d) 버섯이 익는 동안 파스타를 끓는 물에 넣고 포장 설명에 따라 익힙니다. 물을 빼다.

e) 버섯 아래의 불을 중간 정도까지 높이고 와인을 부어주세요. 거품을 내고 2 분간 조리하세요. 버터가 녹을 때까지 저어주세요. 불에서 팬을 제거하고 팬에 치즈와 시금치 ¼ 컵을 추가합니다. 잎이 시들해질 때까지 저어줍니다.

f) 팬에 삶은 파스타를 넣고 소스와 함께 가볍게 버무립니다. 파스타 위에 치즈를 추가로 뿌려 그릇에 담아냅니다. 와인 한잔 부어서 즐겨보세요!

포 르토벨로

92. 포떌토 버섯 숲

6 인분

재료:

- 싱글크림 300ml
- 우유 1 리터
- 찬물 200ml
- 잘게 썬 큰 양파 1 개
- 버터 50g
- 소금
- 잘게 썬 포토벨로 버섯 250g
- 양송이버섯 100g, 잘게 썬 것
- 다크 스위트 마데이라 와인 50ml
- 월계수 잎 4 개
- 더블크림 200ml
- 후추
- 작은 월계수 잎 6 개(서빙용)

지도:

a) 큰 냄비에 크림, 우유, 물을 천천히 넣고 끓입니다.

b) 그 사이에 버터, 월계수잎 2 장, 약간의 소금을 넣고 다른 냄비에 양파를 천천히 볶습니다. 양파가 투명해지면 버섯을 넣고 수분이 없어질 때까지 센 불로 끓입니다. 마데이라 와인을 추가하고 끈적끈적한 글레이즈로 줄입니다.

c) 끓인 크림 믹스를 붓고 잘 저어준 후 다시 끓입니다. 5 분 이상 조리한 후 잎을 제거하고 부드럽게 섞습니다.

d) 더블 크림에 월계수 잎을 하룻밤 동안 주입한 경우, 크림을 휘저어 가벼운 상태이로 만들기 전에 제거하세요. 크림이 걸쭉해지고 숟가락에서 아쉽게 떨어져야 합니다. 그렇지 않으면 잘게 썬 월계수 잎을 휘젓습니다.

e) 한 숟가락의 더블 크림, 약간의 후추, 작은 월계수 잎과 함께 수프를 제공하십시오

93.

2 인분

재료:

- 버터 20g
- 올리브 오일 1 큰술
- 잘게 썬 큰 버섯 2 개
- 얇게 썬 바나나 샬롯 1 개
- 계란 3 개
- 천연 요거트 100ml
- 다진 바질 1 큰술
- 잘게 썬 파슬리 1 큰술
- 다진 쪽파 $\frac{1}{2}$ 큰술

지도:

a) 뚜껑이 있는 큰 프라이팬에 버터와 오일을 가열합니다. 너무 자주 저어주지 않고 버섯을 볶아 색이 나도록 합니다.

b) 샬롯을 넣고 부드러워질 때까지 요리합니다. 불을 가능한 한 가장 작은 불꽃으로 낮추십시오.

c) 계란과 요거트를 함께 섞은 다음 바다 소금과 후추를 넉넉히 넣어 간을 합니다. 거품이 아주 많이 생길 때까지 전기 거품기로(또는 손으로 세게) 휘젓습니다.

d) 혼합물을 팬에 넣고 허브를 넣고 덮습니다.

e) 부풀어 오르고 완전히 굳을 때까지 요리하세요.

94.   군 포토로 코레크양식

산출량: 4 인분

재료:
- 포토벨로 버섯 6 온스
- ½ 파운드 스파게티
- 소금과 후추
- 좋아하는 육수 ½ 컵
- 다진 양파 1 컵
- 다진 고추나 가지 1 컵 또는 각각 1/2 컵
- 다진 마늘 1 쪽
- 신선한 다진 파슬리 2 테이블스푼
- 토마토 소스 1 캔(16 온스)
- 채식 우스터 소스 1 티스푼
- 말린 오레가노 ½ 티스푼
- 같은 무지방 파마산 치즈 ¼ 컵

지도:
a) 오븐을 예열하여 굽습니다. 큰 냄비에 물을 끓입니다. 버섯을 깨끗이 씻어 소금과 후추로 간을 한 후 양면을 몇 분간 굽습니다.
b) 그동안 파스타를 끓는 물에 알단테로 삶아주세요. 버섯을 약 ½ 너비의 긴 조각으로 자릅니다. 파스타의 물기를 빼고 Pam 을 살짝 뿌린 캐서롤 접시에 놓고 그 위에 버섯을 얹습니다. 오븐 온도를 화씨 350 도까지 낮추세요.
c) 프라이팬에 국물을 끓입니다.
d) 양파, 마늘, 파슬리, 고추/가지를 육수에 넣고 약 5 분간 볶습니다. 토마토 소스, 우스터 소스, 오레가노를 추가하고 2 분간 더 조리합니다. 파스타와 버섯 위에 붓습니다. 치즈를 뿌린다.
e) 뚜껑을 덮고 약 30 분간 굽습니다.

95.

산출량: 1 인분

재료:
● 포토벨로 버섯캡(대형) 4 개
● 바베큐 소스
● 소금 $\frac{1}{2}$ 티스푼
● 갓 갈은 후추 $\frac{1}{4}$ 티스푼

지도:
a) 그릴을 준비합니다.
b) 종이 타월로 버섯 뚜껑을 닦으십시오. 각 뚜껑에 바베큐 소스 1 개를 바르고 소금과 후추를 뿌립니다.
c) 그릴에 버섯을 뚜껑이 아래로 향하도록 배열합니다. 호일로 만든 텐트. 중간 정도의 석탄 위에 3~5 분간 굽습니다. 호일을 제거하십시오. 각 버섯에 소스 1 테이블스푼을 바르십시오. 버섯을 뒤집고 소스 1 테이블스푼을 더 붓습니다.
d) 포크로 찔러서 부드러워질 때까지 3~5 분 더 굽습니다. 원한다면 남은 바베큐 소스를 데워서 제공하세요. 4 인분을 만듭니다.

96. 표고버섯을 곁들인 아침 포토벨로

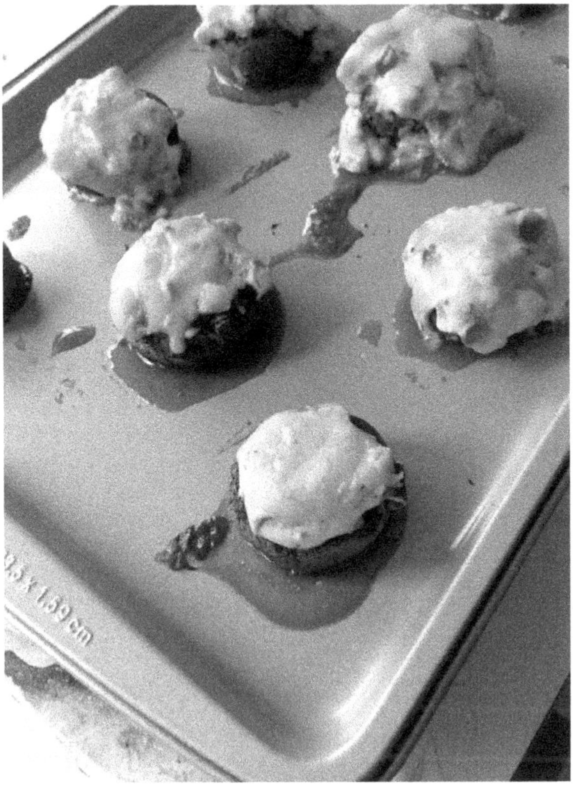

산출량: 4 인분

재료:
- 중간 크기부터 큰 크기까지의 신선한 포토벨로 캡 4 개, 가로 4~6 인치: 청소됨
- 올리브 오일 3 테이블스푼
- 4 온스 표고버섯: 줄기를 제거하고 뚜껑을 잘랐습니다.
- ½ 작은 양파; 잘게 깍둑썰기한
- 신선한 옥수수 커널 1 컵
- ⅓ 컵 구운 잣
- 튀긴 베이컨 ½ 컵(선택)
- 소금
- 계란 8 개

지도:
a) 오븐을 400 도까지 예열하세요. 큰 베이킹 접시에 포토벨로 캡을 아가미 쪽이 위로 오도록 놓고 5 분간 굽습니다. 그 동안 큰 소테 팬에 기름을 두르고 센 불로 가열합니다. 표고버섯, 양파, 옥수수를 추가합니다. 버섯이 축축해지고 옥수수가 부드러워질 때까지 3-4 분간 볶습니다. 사용시 잣과 베이컨을 넣고 잘 저어주세요. 양념을 잘 해주세요.

b) 오븐에서 버섯을 꺼내어 표고버섯 혼합물을 4 개의 캡에 고르게 나누어 표면을 매끄럽게 만듭니다. 계란을 굽는 동안 계란이 한쪽으로 미끄러지지 않도록 뚜껑을 최대한 평평하게 놓으십시오. 각 버섯 위에 계란 2 개를 깨뜨립니다.

c) 계란에 살짝 소금을 뿌리고 접시를 오븐에 다시 넣습니다. 계란이 원하는 대로 익을 때까지 구운 다음 즉시 서빙하세요.

97

재료:

- 뼈없는 닭가슴살 반쪽 대형 4 개
- 8 온스 포토벨로; 두껍게 썬다
- 다용도 밀가루 1 컵
- 버터 2 테이블스푼
- 올리브 오일 2 테이블스푼
- 맛을 내기 위해 소금과 갓 갈은 후추
- 신선한 이탈리안 파슬리 또는 바질 1 테이블스푼; 다진 것
- 신선한 이탈리안 파슬리 또는 바질 온천
- 드라이 마데이라 와인 $\frac{1}{2}$ 컵
- 닭고기 국물 $\frac{1}{2}$ 컵

지도:

a) 왁스칠한 종이 2 장 사이에 닭가슴살을 한 장씩 올려주세요. 껍질이 제거된 쪽이 아래로 향하도록 닭고기 조각을 왁스 종이 위에 놓고 망치로 가볍게 펴십시오.

b) 약 $\frac{1}{4}$ 인치 두께로 편평하게 만듭니다. 닭을 두드리는 데에는 두 가지 목적이 있습니다. 1) 가슴살을 크게 만드는 것, 그리고 가장 중요한 것은 2) 두께를 균일하게 하여 조리 시간을 균일하게 하는 것입니다.

c) 깨끗한 왁스 종이에 밀가루, 소금, 후추를 섞습니다. 닭가슴살에 양념가루를 입혀주세요. 한쪽 끝을 들어 올리고 남은 밀가루를 가볍게 털어냅니다. 먼지를 뿌린 닭고기 조각을 다른 왁스 종이 위에 놓고 서로 겹치지 않도록 하세요.

d) 크고 깊으며 달라붙지 않는 프라이팬에 버터 2 티스푼과 올리브 오일 2 티스푼을 녹입니다. 버터와 오일이 뜨거워지면(버블링) 버섯을 추가합니다. 버섯이 살짝 갈색이 되고 부드러워지고 모든 액체가 증발할 때까지 센 불에서 볶습니다. 프라이팬에서 버섯을 제거하고 따로 보관하십시오.

e) 버섯에 소금, 후추, 파슬리 또는 바질로 양념을 하세요. 프라이팬을 중간 정도 높은 열로 되돌립니다. 남은 버터와 올리브 오일을 첨가합니다. 프라이팬에 닭고기를 넣고 책상 쪽을 먼저 요리하세요.

f) 닭 가슴살을 각 면에서 2~3 분씩 볶습니다. 너무 익히지 마십시오. 닭고기를 큰 접시에 옮기고 호일로 덮습니다. 또는 익힌 닭가슴살을 큰 접시에 담아 따뜻한 오븐(150~200 도)에 넣어 보관할 수도 있습니다.

g) 닭가슴살을 모두 볶으면 프라이팬에 남은 지방을 버리고 팬에 몇 방울만 남깁니다. 와인과 닭고기 국물을 붓고 중불로 팬 바닥을 긁어내면서 바닥에 붙어 있는 입자를 모두 풀어 액체에 녹입니다. 또는 보다 전통적인 방법으로 팬의 유약을 제거할 수 있습니다. 프라이팬에 와인을 넣고 센 불에서 양이 절반으로 줄어들 때까지 약 **2~3** 분간 볶습니다.

h) 닭고기 국물을 넣고 양이 절반으로 줄어들 때까지 센 불에서 약 **1** 분간 볶습니다.

i) 포토벨로를 프라이팬에 다시 넣습니다. 맛을 보고 필요한 경우 양념을 조절하세요. 닭고기 위에 소스를 뿌립니다. 제공하다.

j) 요리에 사용하기로 선택한 허브인 이탈리안 파슬리나 바질의 신선한 가지로 장식한 접시에 닭고기를 담아냅니다.

98. 가지와 포블로 라자냐

신출량: 1 인분

재료:
- 매실 토마토 1 파운드; 4 등분한
- 굵게 다진 회향 구근 1½ 컵
- 올리브 오일 1 테이블스푼
- 달라붙지 않는 식물성 오일 스프레이
- 4 개의 큰 일본 가지; 손질하고 각각 세로로 4 등분합니다.
- ⅓ 인치 두께의 슬라이스
- 중간 크기 포토벨로 버섯 3 개; 줄기는 다듬고, 뚜껑은 잘게 썬다.
- 쌀식초 1 테이블스푼
- 시금치 잎 3 컵; 헹궈진
- 얇게 썬 저지방 모짜렐라 치즈 4 장
- 2 항아리에서 구운 빨간 피망; 물기를 빼고 1/2 인치 너비의 스트립으로 자릅니다.
- 바질 잎 큰 것 8 개

지도:
a) 이러한 개별 야채 테린은 하루 전에 조립할 수 있습니다.
b) 오븐을 400°F 로 예열하세요. 13x9x2 인치 유리 베이킹 접시에 토마토와 회향을 배열합니다. 기름을 뿌린다. 섞어서 던져라. 회향이 부드러워지고 갈색이 될 때까지 약 45 분간 굽습니다. 시원한.
c) 2 개의 붙지 않는 베이킹 시트에 식물성 오일 스프레이를 뿌립니다. 준비된 시트에 가지와 버섯 조각을 배열하십시오. 야채가 부드러워질 때까지 굽습니다. 가지 조각은 약 30 분, 버섯은 40 분 정도 굽습니다. 프로세서에 토마토 혼합물을 퓨레로 넣습니다. 그릇 위에 놓인 여과기로 옮깁니다. 액체를 추출하려면 고체를 누르십시오. 고형물을 폐기하십시오. 식초를 액체에 저어주세요. 비네그레트에 소금과 후추로 간을 해주세요.
d) 시금치를 큰 붙지 않는 프라이팬에 넣고 중간 정도 높은 불에서 시들해질 때까지 약 1 분간 볶습니다. 열에서 제거하십시오.
e) 오븐을 350°F 로 예열하세요. 1¼ 컵 커스터드 접시 4 개에 식물성 기름 스프레이를 뿌립니다. 각 접시에 2 개의 가지 조각을 십자 모양으로 배열합니다.
f) 소금과 후추를 뿌린다. 시금치 ¼ 개를 각각 얹습니다. 모짜렐라 슬라이스 1 개를 각각 얹습니다. 후추 조각을 배열한 다음 바질과 버섯을 배열합니다.

g) 남은 가지 조각을 얹고 딱 맞게 자릅니다. 소금과 후추를 뿌린다. 각 접시를 호일로 덮으세요. (비네그레트와 라자냐는 하루 전에 만들어도 됩니다. 따로 뚜껑을 덮고 식혀주세요.) 라자냐를 매우 부드러워질 때까지 약 25 분간 굽습니다. 호일을 제거합니다. 작은 칼을 사용하여 야채 주위를 잘라 풀어줍니다. 접시에 뒤집어 놓습니다. 비네그레트를 숟가락으로 얹어주세요.

99.   비프 스테이크 샌드위치 & 페스토

4 인분

재료:
- 냉동 버즈 아이 가든 완두콩 2 컵
- 아기 로켓 잎 1 컵
- 껍질을 벗긴 작은 마늘 1 쪽
- 잘게 간 파마산 치즈 $\frac{1}{4}$ 컵
- 구운 잣 $\frac{1}{4}$ 컵
- 엑스트라 버진 올리브 오일 3 테이블스푼
- 포토벨로 버섯 4 개
- 구운 사워도우 빵 4 조각
- 물냉이와 썰은 무, 서빙용

지도:
a) 익힌 **Birds Eye Pea** 의 물기를 빼고 완두콩 $\frac{1}{2}$ 컵을 따로 보관합니다. 남은 완두콩, 로켓, 마늘, 파마산 치즈, 잣, 기름 2 테이블스푼을 푸드 프로세서에 넣고 퓌레가 될 때까지 처리합니다. 맛을 내기 위해 계절을 정하십시오. 완두콩 페스토를 통해 예약된 완두콩을 저어줍니다.

b) 베이킹 페이퍼를 깐 트레이에 버섯을 놓고 남은 기름을 뿌립니다. 예열된 그릴 아래에 놓고 양쪽이 살짝 갈색이 될 때까지 2 분간 조리합니다.

c) 빵 위에 완두콩 페스토를 바르고 그 위에 버섯, 물냉이, 무를 얹습니다. 즉시 봉사하십시오.

100. 그릴드 피자 버섯 포르텔로

산출량: 4 인분

재료:
- 1 테이블스푼 + 마늘 1 티스푼; 다진 것
- 버진 올리브 오일
- 4 4" 포토벨로 버섯 줄기 폐기
- 가지 20 조각; 1/8 인치 두께로 자르세요
- 느슨하게 포장된 잘게 썬 폰티나 치즈 2 컵
- 갓 갈은 파마산 치즈 $\frac{1}{4}$ 컵
- 고르곤졸라 치즈 $\frac{1}{2}$ 컵; 무너진
- 피자 반죽
- $\frac{1}{4}$ 컵 평평한 잎 파슬리; 다진 것

지도:

a) 견목 숯불을 준비하고 그릴 랙을 석탄 위 3~4 인치 높이에 놓습니다.

b) 그릇에 마늘과 올리브 오일 $\frac{1}{4}$ 컵을 섞습니다. 버섯과 가지에 기름을 넉넉히 발라줍니다.

c) 다른 그릇에 폰티나, 파마산 치즈, 고르곤졸라를 함께 넣습니다. 덮고 냉장 보관하십시오. 석탄 위에 하얀 재가 보이기 시작하면 불이 준비된 것입니다.

d) 버섯 뚜껑을 부드러워지고 완전히 익을 때까지 한 면당 약 4 분씩 굽습니다. 가지 조각을 한 면당 약 2 분 정도 부드러워질 때까지 굽습니다. 버섯 뚜껑을 $\frac{1}{2}$ 인치 두께로 자르고 가지와 함께 따로 보관합니다.

e) 피자 반죽을 4 개의 동일한 조각으로 나눕니다. 3 개를 덮어 보관하세요. 테두리가 없고 기름을 살짝 바른 커다란 베이킹 시트에 반죽의 네 번째 조각을 손으로 펼치고 펴서 두께가 약 1/16 인치인 12 인치 자유 형태를 만듭니다. 입술을 만들지 마십시오.

f) 뜨거운 그릴 위에 반죽을 부드럽게 올려 놓습니다. 1 분 이내에 반죽이 약간 부풀고 밑면이 딱딱해지며 그릴 자국이 나타납니다.

g) 집게를 사용하여 크러스트를 즉시 데워진 베이킹 시트 위에 뒤집고 올리브 오일을 바릅니다. 혼합 치즈, 파슬리, 구운 야채의 1/4 을 크러스트 위에 뿌립니다.

h) 피자에 올리브 오일을 뿌립니다. 피자를 뜨거운 석탄쪽으로 다시 밀어 넣으십시오. 그러나 높은 열을 받는 부분 바로 위로 밀어서는 안됩니다. 밑면을 자주 확인하여 탄화되지 않았는지 확인하십시오. 3~4 분 정도 치즈가 녹고 야채가 완전히 익으면 피자가 완성됩니다.

i) 그릴에서 뜨거운 피자를 서빙하세요. 나머지 피자를 만들려면 절차를 반복하십시오.

결론

버섯 세계에서 볼 수 있는 종, 질감, 맛의 다양성은 과일의 다양성과 유사합니다. 그러므로 한 종류의 버섯을 싫어한다고 해서 그 버섯 전체를 싫어하거나 심지어 버섯이 포함된 어떤 조리법이라도 싫어할 것이라고 생각하는 것은 이상합니다. 버섯 종류의 광대함은 종종 간과됩니다. 사람들이 "버섯"이라는 단어를 들을 때, 그들은 종종 식료품점에서 파는 흰양송이버섯을 떠올리며, 야생 버섯의 세계에서 얻을 수 있는 다양한 향, 맛 및 질감을 완전히 간과합니다! 나는 이 요리책이 여러분에게 버섯의 새롭고 다양한 세계를 소개했다고 믿으며 여러분도 이 책을 통해 요리를 즐기게 될 것임을 알고 있습니다!

Milton Keynes UK
Ingram Content Group UK Ltd.
UKHW021039101023
430300UK00017B/302